バカリズム
Bakarhythm

都道府県の持ちかた【増補版】

JN042753

ポプラ新書
214

〖増補版〗

都道府県の持ちかた

バカリズム

福岡県

はじめに

　地理学とは、都道府県の場所だけを覚えても、学習にはつながらない科目です。地理というのは、各地がどういった場所なのかを知るだけでなく、特徴やなりたちまでを知るべきだからなのです。

　そのうえで、都道府県をどのように理解するか、あらゆる角度から見渡せるよう、人口や産業・歴史などから、持ちかたまでのすべてを網羅しました。

　本書では、みなさんの出身地や気になる都道府県をチェックできるよう、日本国内の全都道府県をあますところなく掲載しております。

　これを機会に、都道府県の正しい知識を身につけて、教養を深めるきっかけとなれば、著者としてこれに勝る喜びはございません。

著　者

【目 次】

01

北海道・東北地方

ほっかいどう・とうほくちほう

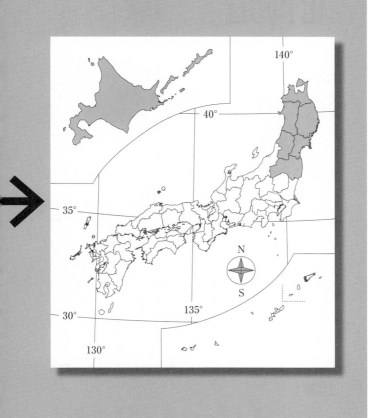

北海道

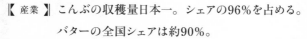

基本データ

【総人口】 525万人
　　　　　（47都道府県中8位）

【総面積】 83424km²
　　　　　（47都道府県中1位）

【産業】 こんぶの収穫量日本一。シェアの96%を占める。
　　　　　バターの全国シェアは約90%。

【歴史】 北海道という名前は、明治政府が1869年に開
　　　　　拓使を設け、東海道などにならって命名した。
　　　　　命名者は探検家の松浦武四郎。

【祭事】 札幌市では2月にさっぽろ雪まつりが開催され、
　　　　　6月に北海道神宮例祭「札幌まつり」が開催。7
　　　　　月には網走市にて、オロチョンの火祭りが、10
　　　　　月には阿寒町にて、まりも祭りが開かれる。

【おまけ】 北海道出身、または在住の人を「道産子」と呼ぶ。

補足

　日本の最北部に位置し、広さは、日本の総面積の約
5分の1を占める。西は日本海、北東はオホーツク海、

南東は太平洋の3つの海に囲まれ、中央には天塩山地、北見山地、夕張山地、日高山脈が連なっている。気候は、季節によって気温差が大きい。夏は気温も上がるが、オホーツク海側は夏もあまり気温が上がらない。年間の雪の降る平均日数は130日で、全国1位。オホーツク海側には流氷が接岸する。農林水産資源に恵まれているため、農業が非常に盛ん。農業生産額は全国の約14%を占め1位。水産業では、さけ、たら、さんまなどが多く水揚げされており、漁獲量は日本一。酪農も盛んで、生乳の生産量、牛肉の生産量は共に1位。乳牛の飼育頭数も1位である。工業は、森林が豊富なこともあり、製紙パルプ工業や、食料品工業などが盛ん。エゾマツやトドマツなど、天然林が多いため、林業では木材生産が全国1位。ジンギスカン、石狩鍋、三平汁、開拓おにぎり、黒飯、さけのちゃんちゃん焼きなどが道民食。

　自然が多く残っているため、エゾヒグマ、キタキツネ、エゾシカなど、固有種の動物も生息している。"クマ保険"という傷害保険があるという噂があるが、エゾシカとの衝突事故による車両保険は存在する。

持つとしたら、こう。

　北海道

【 POINT 】

道南部を握り込むように。

青森県

基本データ

【総人口】 125万人（31位）

【総面積】 9646km²（8位）

【 産業 】 りんごの全国シェアは59％で、全国1位。にんにくの全国シェアは66％で、全国1位。ごぼうの全国シェアは37％で、全国1位。

【 歴史 】 県名の由来は、江戸時代に津軽藩が現在の青森市に開港した時、付近に青々とした松林があり、その森を漁師たちが青森と呼んだことから。しかし、その場所は現存しない。

【 祭事 】 弘前市で開催されるお祭りは弘前ねぷた、青森市で開催されるのは青森ねぶた。言い間違いに注意。

【 おまけ 】 人口10万人あたりの、公衆浴場の数23.7か所で、全国1位。

補足

　太平洋、日本海、津軽海峡と、三方を海に囲まれた

本州最北の県。秋田県との境にある白神山地では、ブナの原生林がそのまま残っており、世界遺産に登録されている。クマゲラやツキノワグマなど、貴重な動物が生息する。また、十和田湖をはじめ八甲田山、岩木山、下北半島の仏ヶ浦などは景色も素晴らしく、観光客も多い。気候は、県の中央部に位置する奥羽山脈が二分していて、海域や地形が複雑なことから、県内でも地域によって気候が大きく異なる。平成の大合併の影響で、津軽半島には飛び地が多い。また、廃藩置県の影響で津軽海峡を挟んだ北海道の一部が青森津軽郡だったこともある。

　奥羽山脈西側の津軽地方はりんごの産地として有名で品種も多い。りんご以外にも、青森県は長いもやにんにくの生産量日本一を誇る。工業では、食品加工業が盛ん。りんごはジュースやジャムにも加工される。また、陸奥湾では、ほたての養殖も行われているため、缶詰や、ねり製品の加工工場も並ぶ。津軽そば、菊かおる、じゃっぱ汁、せんべい汁が県民食。ウニ丼と生ウニ丼は異なるメニューなので注意。

　巨大集落の三内丸山遺跡や、亀ヶ岡遺跡に代表されるように、縄文時代にとても栄えていた。

持つとしたら、こう。

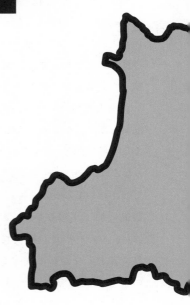

岩手県

基本データ

〚**総人口**〛123万人（32位）

〚**総面積**〛15275㎢（2位）

〚**産業**〛畜産では「前沢牛」が有名。わかめの養殖が盛んで、全国シェア28%で2位。畑わさびの全国シェア1位。木酢液の全国シェア1位。木炭の生産量日本一。

〚**歴史**〛平安時代に奥州藤原氏が平泉に文化の華を咲かせた。県名の由来は、鬼が石の神に叱られて、反省の証拠に巨大な岩に手形を残したという伝説など、諸説ある。

〚**祭事**〛6月に滝沢市でチャグチャグ馬コ、7月に二戸市で虫追い祭りが開催される。

〚**おまけ**〛岩手県の三大名物麺料理は、わんこそば、冷麺、じゃじゃ麺。「チータンタン」略して「チータン」は、じゃじゃ麺の後には欠かせない、茹で汁で楽しむスープ。

　東北地方の北東部に位置する。面積は北海道に次いで2番目の大きさ。西部には秋田県との境に険しい奥羽山脈、東部には幅広い北上高地が連なっている。南西部の海岸は岬と入江が入り組んだ地形のリアス式海岸が発達。県の中央部には南北に北上川が流れており、全長は249kmで東北最長。太平洋側気候だが、沿岸部と内陸部では異なる。内陸は夏は暑く、冬は寒い。沿岸部は夏は涼しく、冬は内陸ほど寒くない。夏に北東の海から冷たく湿った風「やませ」が吹くと、内陸部で低温と霧が生じ、これが1ヶ月以上続くと冷害が起きる。

　工業では、道路網の整備と共に、電子部品などを製造する電気機械工業が発達してきた。水産業は、県の沖合に黒潮と親潮がぶつかるところがあり、魚が集まってくるため、たくさんの魚が獲れる漁場となっている。わかめや牡蠣の養殖なども盛ん。リアス式海岸の静穏海域や水産物の生育に適した岩礁に恵まれ、あわびの生産量は全国第1位。「つくり育てる漁業」の先進県である。北上盆地では、米作りやほうれん草の栽培などが盛ん。ぬっぺ汁、まめぶ汁、ふきおにぎり、ひっつみが県民食。

岩手県は、こう。

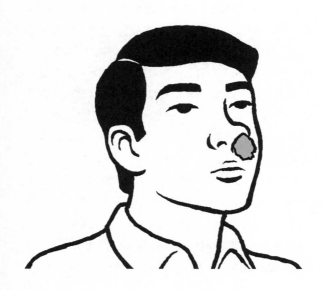

そして、こう。

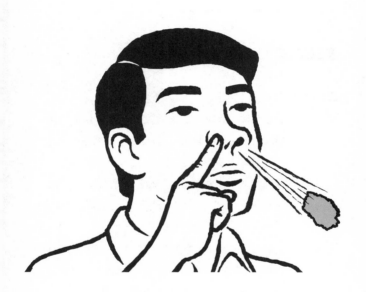

宮城県

基本データ

【総人口】 231万人（14位）

【総面積】 7282㎢（16位）

【産業】 名産品は、笹かまぼこ、牛タンなど。ほやの養殖は全国シェア日本一。気仙沼では名産のフカヒレ料理が堪能できる。学校の習字用などで使われるすずりは、ほとんどが雄勝町産。東北地方の中でも、とりわけ平坦な地形の仙台平野が広がる。ササニシキの産地。

【歴史】 県名の由来は、鹽竈神社（宮）と、多賀城（城）にちなんだという説や、古代の国府・多賀城を「宮なる城」と言ったという説など、諸説ある。

【祭事】 8月6〜8日に開催される仙台七夕まつりは、東北三大祭りの一つ。

【おまけ】 古川（大崎市）は「ササニシキ」「ひとめぼれ」「だて正夢」発祥の地。「ササニシキ」直系の「ささ結」も誕生した。

　東北地方の南東部に位置し、東は太平洋に面している。西部には奥羽山脈があり、東部には仙台平野が広がる。太平洋側気候だが、夏の暑さは厳しくない。しかし、「やませ」と呼ばれる冷たい季節風が吹き、岩手県同様、冷害が起こることもある。

　農業では、仙台平野を中心に米づくりが盛ん。水産業では、さんま、カツオなど、全国有数の漁獲高をあげている。宮城県は、世界三大漁場の一つである三陸沖漁場に近く、多くの漁港を抱える。工業では、仙台の臨海部に大きな工業団地がつくられ、石油、鉄鋼などの多くの工場が集まっている。名所も多く、観光業も盛ん。東部には日本三景の一つ、松島が浮かぶ。松島は、宮城県の松島湾内外にある大小260余りの諸島のこと。

　仙台市は「杜の都（もり　みやこ）」として知られるが、初代仙台藩主であった伊達政宗が、家臣の屋敷に防風・防雪・防火目的で木を大量に植えさせて「森の都」と呼ばれたのがきっかけ。瑞巌寺、鳴子温泉郷、白石城などが観光名所として知られている。県民食ははらこ飯や、ずんだ餅、仙台麩、法度汁など。

持つとしたら、こう。

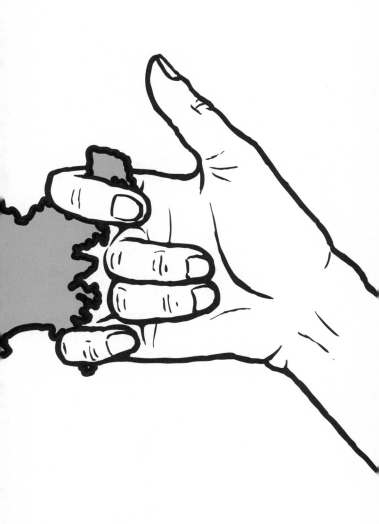

秋田県

基本データ

【総人口】 97万人（38位）

【総面積】 11638k㎡（6位）

【産業】 名産品は稲庭うどん、きりたんぽ。「あきたこまち」に代表される米どころ。水草のじゅんさいは、沼と水が豊富な三種町が生産量日本一。「畑のキャビア」と呼ばれるとんぶりの生産も日本一で、そのほとんどは、県北部の比内町のもの。

【歴史】 県名の由来は、「日本書紀」に「齶田（あぎた）」「飽田（あくだ）」という地名で登場し、変化した説や、低湿地を表す「アクタ」からきたという説などがある。

【祭事】 湯沢市では毎年2月に犬っこまつりが開催される。12月31日には男鹿市の各家庭に、なまはげが出没する。

【おまけ】 秋田放送の「超神ネイガー」は、なまはげの呼び声「泣く子はいねがー」からネーミングされ、農業青年アキタ・ケンが変身して悪と戦った。

　東北地方の北西部に位置する。東部には奥羽山脈、中央部には出羽山地、北部には白神山地がある。総面積の7割が森林。中央に位置する田沢湖は深さ423.4mで、日本一深く、湖畔には「たつこ像」がある。気候は日本海側気候。内陸部は豪雪地帯。沿岸部は冷たい季節風が吹き、みぞれや雪を降らせる。夏はフェーン現象で高温になることもある。

　農業は、米づくりが盛んで、横手盆地や秋田平野、能代平野などを中心に水田地帯が広がる。畜産も盛んで、北部では日本三大地鶏の一つ「比内地鶏」が飼育されている。天然記念物に指定された「比内鶏」は「比内地鶏」とは異なるので注意が必要。林業では、秋田杉が有名。米代川流域の秋田杉の天然木は、木曾ヒノキ、青森ヒバと並び、日本三大美林の一つとして知られている。秋田杉を利用した大館の曲げわっぱの他に、「みちのくの小京都」角館の樺（かば）細工も有名。漁業では、日本海側では冬になるとハタハタが獲れ、しょっつる鍋の材料になる。県民食は、きりたんぽ、しょっつる、だまこもち、いぶりがっこなど。

持つとしたら、まず、こう。

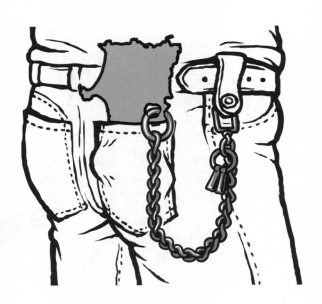

そして、こう。

〖 POINT 〗

お金は、入りません。

山形県

基本データ

【総人口】 108万人（35位）

【総面積】 9323㎢（9位）

【産業】 名産品に山形仏壇がある。

【歴史】 県名の由来は、最上川上流を「山方」と呼んだことから。

【祭事】 米沢市では年越し祭りを12月に、山形市では9月に日本一の芋煮会フェスティバルを開催。

【おまけ】 山形県の食用菊の名前は「もってのほか」。江戸時代、俳聖・松尾芭蕉は「奥の細道」の全行程156日の、ほぼ三分の一にあたる43日間を山形県で過ごした。全国で唯一、全市町村で温泉が出ている。

補足

　東北地方の南西部に位置している。およそ8割が山地。宮城県との県境に奥羽山脈、それと並行して出羽山地が連なる。県内最高峰は秋田県にまたがる2236mの鳥

海山。「出羽三山」の月山・羽黒山・湯殿山は山岳崇拝の聖地で、修験道の山伏の修行場として知られている。県の中央を全長229kmの最上川が流れる。米沢市の西吾妻山に発し、酒田市で日本海に注ぐ最上川は「母なる川」とも呼ばれているが、これは、県民の多くがこの川の流域に住んでいるため。静岡県の富士川、熊本県の球磨川と並ぶ「日本三大急流」でもある。気候は日本海側気候であり、とりわけ内陸部の夏は高温が続く。

　農業は米づくりと果実栽培が中心。米は高級ブランドが有名、西洋なしとサクランボの生産量は共に1位。サクランボは「果樹園の宝石」といわれるほどの高級品種である。その他、山形県はぶどう、べにばな、メロンなども栽培している。諸説あるが、米沢牛は、松坂牛、近江牛と並ぶ三大和牛。県民食は水かけごはん、冷汁、芋煮、どんがら汁、べろべろ餅、玉こんにゃくなど。工業では、繊維工業、食品工業、酒造業が盛ん。看板や標識機、展示装置の生産額はシェア20％で日本一。将棋の駒が有名。日本の将棋の駒のほとんどは天童市製。江戸時代、天童藩が財政難となり藩の武士たちが始めた内職が駒づくりのルーツ。

持つとしたら、こう。

【 POINT 】
鶴岡市を
肩で支えるように。

福島県

基本データ

【総人口】185万人（21位）

【総面積】13784km²（3位）

【 産業 】県の北部にはラーメンで有名な喜多方市がある。サンショウウオの黒焼きは、福島県の名産品。

【 歴史 】県名の由来は、泥が多く、水害の多い低湿地のことを「深しま」と呼び、それが転じて「ふくしま」となった説、強い風が吹きつける「吹島」が変化した説、泥海から信夫山が噴出し「噴く島」が「福島」となったなど、諸説ある。

【 祭事 】7月には会津田島祇園祭、8月には郡山うねめまつり、福島わらじまつり、9月には会津まつり、10月には二本松提灯祭り、飯坂けんか祭りが開催される。

【おまけ】山形県と新潟県の間を分け入るように細長く福島県が伸びているが、福島県北西部の飯豊山頂上の飯豊山神社へと続く参道が福島県である。

　東北地方の南部に位置していて、宮城県、山形県、新潟県、群馬県、栃木県、茨城県に接している。面積は北海道、岩手県に次いで3位。太平洋側から、浜通り、中通り、会津地方に分かれる。地方によって気候が異なり、浜通り地方は沖合いを流れる黒潮の影響により夏は涼しく、冬は暖かい。中通り地方は他に比べ降水量が少ない。会津地方は日本海側気候となり、他の地域に比べて雪が多い。中央部に位置する猪苗代湖は、淡水湖では日本で4番目に大きな湖で、日本有数の綺麗な水。猪苗代湖からの安積疏水を利用し、郡山盆地では稲作が盛ん。農業の中心は米づくりだが、福島盆地では桃、梨、サクランボなどの栽培も盛んで「フルーツ王国」とも称される。県民食は五目笹巻きや、会津地方に伝わる、こづゆ、しんごろうなど。

　工業では、機械工業や、石油化学工業が発達している。県中の三春は、樹齢1000年のしだれ桜「三春滝桜」、郷土玩具「三春駒」で有名。ほかに、県の伝統産業は、会津の赤べこや起き上がり小法師、絵ろうそくなどが広く知られている。

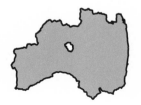

持つとしたら、こう。

《 POINT 》
猪苗代湖に指をひっかけると、
持ちやすいです。

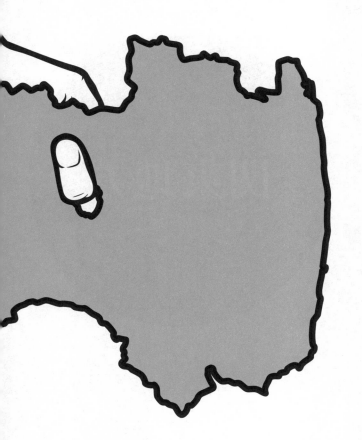

02

関東地方

かんとうちほう

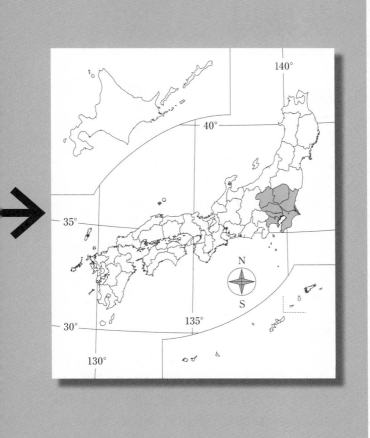

茨城県

基本データ

【総人口】 286万人（11位）

【総面積】 6097㎢（24位）

【 産業 】 水戸市は納豆の生産量が日本一。エシャロットのシェア72%で、全国1位。

【 歴史 】 県名は、賊から守るため、城を野の茨で築いたなどという伝承から付けられた。

【 祭事 】 水戸の偕楽園は梅で有名で、観光客が多く訪れる。水戸の梅まつりは2月から。

【 おまけ 】 「いばらぎ」ではなく、「いばらき」。11月13日は茨城県民の日。白物家電普及台数は、全国2位。

補足

　関東地方の北東部に位置する。もとの常陸国全域と下総国北西部にあたる。東は太平洋に、北は福島県に、西は栃木県、南は埼玉県と千葉県に接している。南東部にある霞ヶ浦の面積は220㎢で、琵琶湖に次いで2位。太平洋側気候だが、山間部と南部の海岸部では気候に

違いがあり、海岸部は冬でも温暖だが、北部山間部は厳しい寒さとなる。交通は、2005年につくばエクスプレスが開通。つくば駅と秋葉原駅の間の58.3kmを最短45分で結ぶ。観光スポットとして話題にされるのが、牛久大仏で、奈良の大仏より大きい120mの仏像である。ギネスブックにも世界一大きいブロンズ製仏像として登録されており、首都圏最大級の墓地霊園に建てられた。青銅製立像としては世界最大で、本体100m、台座が20mある。東本願寺によってつくられ、1992年に完成。像の内側（胎内）に入って、五層の空間を巡ることができ、胸部までエレベーターで上って展望窓から外の景色を見渡すことができる。

　平地が広いため、農業が盛ん。れんこん、メロンの生産量は日本一。白菜、レタス、トマトなどもたくさん栽培されていて、大都市へ向けて出荷される。工業では、南東部に鹿島臨海工業地域が広がっている他、日立市を中心とした電気機器の生産、つくば市には筑波研究学園都市が設けてあり、先端技術産業の施設が集まっている。県民食は、どぶ汁、焼きもち、干しいもなど。

持つとしたら、こう。

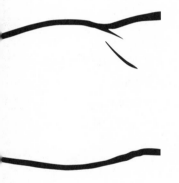

【 POINT 】

下から支えるように。

栃木県

基本データ

【総人口】 193万人（19位）

【総面積】 6408km²（20位）

【 産業 】 カメラ用交換レンズ、エックス線装置、シャッターの生産量日本一。

【 歴史 】 県の名前の由来は、栃木市内の中心部にある神明宮の屋根の2組の千木と8本の鰹木が10本に見えた、トチノキが大量に生えていた、トチの実がよくとれたからなど、諸説ある。

【 祭事 】 栃木秋まつりは2年に一度、11月に開催。ほかに泣き相撲なども。

【 おまけ 】 6月15日は栃木県民の日。県民の日のマスコットはルリちゃん。

補足

　関東地方の北部に位置している。八溝山地、足尾山地、日光、那須の山々に囲まれて関東平野が広がる。北部から西部には火山が連なっていて、雄大な自然と温泉に

恵まれていることもあり、多くの観光客が訪れる。内陸性気候で、夏は暑く、冬は寒さが厳しい。北西の季節風が吹き、男体おろし、那須おろし、赤城おろしと呼ばれている。

　日本でも有数の農業県。かんぴょうの生産量は日本一で、全国シェアは90%以上を誇る。いちごの生産量も日本一。主力商品は「とちおとめ」。日本で初めて設置の「いちご研究所」で、「スカイベリー」が誕生。農業が中心だったが、現在では、先端技術の会社が集まる。観光業では、「日光の社寺」(日光二荒山神社・日光東照宮・日光山輪王寺) が世界遺産に登録されているうえ、国宝9棟、重要文化財94棟、計103棟の建造物群があることから、多くの観光客が訪れる。奥日光の入り口に位置する中禅寺湖は日本一標高の高い海抜高度1269mにある湖。周囲はおよそ25㎞で、最大水深は163m。約2万年前に男体山の噴火による溶岩で渓谷がせき止められて原形ができたといわれる。中禅寺湖ヒメマス (日光ヒメマス) が養殖されている。餃子で有名な宇都宮駅前の「餃子像」は、餃子の皮に包まれた女神がモチーフ。県民食はばんだいもち、ゆでもち、いとこ汁など。

持つとしたら、こう。

そして、こう。

【 POINT 】
リリースポイントは、
できるだけ前で。

群馬県

基本データ

【総人口】 194万人(18位)

【総面積】 6362km²(21位)

【 産業 】 名産の下仁田ねぎは、江戸時代に将軍の食膳
に供されたといわれている。高崎は、だるまの
産地で1月にはだるま市が開かれる。

【 歴史 】 県名の由来は、車持公の「くるま」にちなんだ
といわれている。車を作り天皇を乗せる車持部
の部民の居る場所に由来する説や、「車郡」が
「群馬郡」に改められたことからなど、諸説ある。

【おまけ】 対総人口あたりの運転免許取得率も、対女性
人口あたりの運転免許取得率も、自動車1台あ
たりの人数も、群馬県が全国1位。

補足

　関東地方の北西部に位置する。山地がちの地形で、
東部に足尾山地、北部に三国山脈、西部に本白根山な
どの火山群が連なる。草津温泉をはじめ伊香保温泉、

水上温泉など温泉も豊富で、観光客で賑わう。県の中央には利根川が流れ、全長は322km。平野部と山地とで気候が異なり、平地は夏は暑くて雨が多い。山地では空っ風といわれる季節風が吹き、冬には雪が多い。

　日本一の養蚕地帯で、1872年に富岡に日本初の近代的な器械製糸場ができた。桐生は絹織物の先進地であり、今でも群馬県は日本一の繭と生糸の産地。富岡製糸場は2014年、世界遺産にも登録された。農業は、こんにゃくいもの全国シェアが約92%を誇り、下仁田町、富岡市などで生産。また、高原の涼しい気候を利用した夏秋キャベツの生産量も日本一。県民食は、こしね汁、おっきりこみ、ぼたなど。県庁所在地は前橋市だが、当初は高崎市になるはずだった。廃藩置県の際に、高崎城内に県庁が置かれたが、城が兵部省の管轄下にあったため、前橋市に仮の県庁を置いたものの、群馬県が熊谷県から再び群馬県に戻った際、県庁所在地は再び前橋に置かれることになる。高崎市の住民は猛反発し、裁判にまで発展したり、大正時代には、県庁奪還運動が起こるも、現在まで県庁所在地は、前橋市のままである。

持つとしたら、こう。

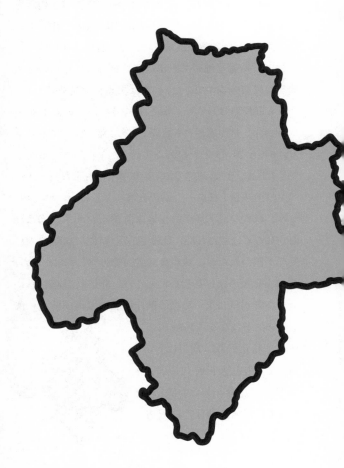

そして、こう。

埼玉県

基本データ

〖総人口〗735万人(5位)

〖総面積〗3798km²(39位)

〖産業〗光学レンズの生産量1位。名産品は深谷ねぎ、秩父そば、春日部桐たんすなどがある。行田市では足袋を生産しており、生産量日本一。

〖歴史〗県名の由来は、万葉集にある「前玉（さきたま）」、幸いを与える神の霊魂「幸魂（さきみたま）」、国府のあった多摩郡よりも前方の地（先多摩）という意味から付けられたという説など、諸説ある。

〖祭事〗7月下旬には熊谷市の八坂神社にて、うちわ祭が開催される。

〖おまけ〗11月14日は埼玉県民の日。家計簿に占める教育費の割合は全国トップ。

補足

　関東地方の中央に位置する。西部には関東山地、秩父山地といった険しい山々が、東部には関東平野が広が

る。県の面積の半分以上は平地。川が多く、県土を占める川の面積の割合は全国1位。東京に隣接している地域の人口密度が高い。南東部は都心から50km圏にあり、都心への通勤客が多い。大部分の地域は太平洋側気候で、夏は蒸し暑く、冬は晴天の日が続く。交通は東京と結んだ鉄道網が充実しており、なかでも大宮駅は、上野東京ライン・湘南新宿ライン、武蔵野線を含めると16の路線が乗り入れており、埼玉県内最大規模のターミナル駅である。また、新座市には東京都練馬区の飛び地があるが、理由ははっきりしていない。ほかにも、西東京市は、かつて埼玉県に属していたことで知られている。平成13年、保谷市と田無市が合併し西東京市となったが、保谷市は明治時代の終わり頃まで埼玉県に属していた。また、練馬区の大泉町も、北区の浮間も、西多摩郡の瑞穂町も、かつては埼玉県に属していた。

　農業では、首都圏向けの近郊農業が盛ん。深谷ねぎの他、ブロッコリー、小松菜などの収穫量も上位を占める。県民食は黄金飯、加須うどんなど。工業は、輸送用機械や化学工業の他、秩父には石灰岩が多いため、セメントづくりが発達。

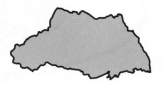

持つとしたら、こう。

【 POINT 】

つけすぎに
注意しましょう。

千葉県

基本データ

【総人口】 626万人(6位)

【総面積】 5158km²(28位)

【 産業 】 銚子電鉄(銚電)は、1995年より「銚子電鉄の ぬれ煎餅」という名前でぬれせんべいを製造販 売。商品群も増えた。調味料に関しては、野田、 銚子に大手の醤油メーカーがあり、生産量全 国1位を誇る。

【 歴史 】 県名の由来は、多くの茅が生い茂る場所「茅 生」が転じた説や、葉が多く重なる意味からの 説などがある。

【 祭事 】 1月には、香取市大倉の側高神社でひげなで祭 を開催。成田山新勝寺は、正月には約300万 人の参拝客で賑わう。

【おまけ】 落花生の作付け面積、収穫量ともに、日本一。 全国シェアおよそ78%を誇り、なかでも八街市 は日本有数の生産量と味を誇る。

　関東地方の南東部に位置する。三方を海に囲まれ、県土の大部分が房総半島に含まれる。北西は埼玉県、東京都と接しており、江戸川が境界となる。利根川下流域には印旗沼や手賀沼など、低湿地や沼が広がる。地理学者・伊能忠敬の出身地で、観光客も多く訪れる九十九里浜の全長は約66kmで、砂浜の長さは日本一。県全体の海岸線の長さは約534kmにも及ぶ。気候は黒潮の影響もあっておだやか。夏は涼しく、冬は暖かい。房総半島の南部では、おだやかな気候を生かした花の栽培が盛ん。食用菜の花の産出額は全国1位。

　農業では、ねぎ、だいこん、さやいんげん、かぶ、落花生などの生産量が日本一。水産業では、銚子港が主要漁港の水揚げランキング1位を毎年記録している。イワシ、アジ、サンマ、ブリなどの青魚が中心。工業では、日本最大の重化学工業地域である京葉工業地域が、東京湾岸に広がる。県民食は、とうぞ、セグロイワシのごま漬けなど。房州うちわは、京都・京うちわ、香川・丸亀うちわと並ぶ、「日本三大うちわ」の一つ。

持つとしたら、こう。

そして、こう。

〖 POINT 〗

サプライズで。

東京都

基本データ

【総人口】 1392万人(1位)

【総面積】 2194km²(45位)

【産業】 伊豆七島の特産品に、くさやの干物がある。都民食は、深川丼、くさや、武蔵野うどんなど。村山大島紬、東京染小紋、江戸切子、江戸簾など、現在、41品目の伝統工芸品が東京都で指定されている。

【歴史】 都名の由来は、西の京都に対しての東の都という意味で命名。

【祭事】 6月上旬に品川区荏原神社にてかっぱ祭りが開かれる。

【おまけ】 東京スカイツリーの高さは634m。旧国名の一つ「武蔵」から。お土産としては雷おこしが有名。名前の由来は、「雷門」と「家を起こす」「名を起こす」をかけたもの。江戸時代後半からつくられている。

　関東地方の南西部に位置する。面積は全国の面積の約0.6％しかないが、約1300万人以上が暮らしている。首都圏は世界で最も人口が多い都市圏である。東部の平地は多摩川や荒川が運んだ土砂によってつくられた部分が多い。最東端の島は南鳥島、最南端の島は沖ノ鳥島。小笠原諸島を統括しているため、日本最南端および最東端の都道府県でもある。小笠原諸島は、江戸時代、イギリス領になる寸前だったうえ、アメリカにも目をつけられていた。明治維新後、政府が東京都の管轄下に置いた。第二次世界大戦の敗戦後、アメリカの占領下にあったが、1968年に日本に返還された。

　東京は、世界の経済の中心地で、ニューヨーク、ロンドンに並ぶグローバル都市。海外からの観光客も多く、秋葉原、新宿、お台場などは外国人観光客で賑わっている。工業も盛んで、沿岸部にある京浜工業地帯には工場が並ぶ他、大田区には町工場も多数あり、日本の産業を支えている。農業に関しては、都内の農地面積は総面積の10％未満だが、小松菜やほうれんそうなどの野菜の栽培が行われている。

持つとしたら、こう。

そして、こう。

東京

【 POINT 】

インクは別売りです。

神奈川県

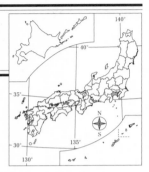

基本データ

【総人口】 920万人（2位）

【総面積】 2416km²（43位）

【産業】 ハンカチーフの全国シェア1位。ワインの生産量、日本一。小田原かまぼこ、たたみいわし、箱根寄木細工などが特産物で有名。

【歴史】 県名の由来は、横浜市を流れる上無川（かみなしがわ）から。

【祭事】 6月の上旬には、横浜市の生麦神明神社にて蛇（じゃ）も蚊（か）も祭りが開かれる。

【おまけ】 観光名所は鎌倉、箱根、小田原城、みなとみらい地区など。鎌倉には大仏様（阿弥陀如来像）が鎮座している。三崎漁港は、遠洋マグロ漁船の基地。公立中学校の屋内運動場設置率は100％。

補足

　関東地方の南部に位置する。面積は43位だが、都道府県別の人口は東京都に次ぐ第2位で、人口密度は東京

都、大阪府に次ぐ第3位となっている。政令指定都市は横浜市、川崎市、相模原市の3市で日本最多。横浜市は日本で一番人口の多い市である。実は、明治中頃まで三多摩（旧北多摩、旧南多摩、西多摩三郡の総称）は神奈川県だった。東京都になった後も、武蔵県、多摩県にする案や、神奈川県に戻すプランも浮上した。

　気候は比較的おだやかで、三浦半島などでは露地栽培によって野菜がつくられている。三浦大根は全国的に有名で生産額は全国ベスト3。工業においては、京浜工業地帯に位置していて、重化学工業の工場が並ぶ。シャンプー・ヘアリンスの生産量、家庭用合成洗剤の生産量が日本一。なお、神奈川県には横浜DeNAベイスターズ、横浜F・マリノス、川崎フロンターレ、湘南ベルマーレ、横浜FCなどの本拠地があり、スポーツ活動が盛んなのも特徴。横浜は「日本初」の多発地域で、日刊新聞、国内製造ビール、アイスクリーム、灯台、公衆便所、上下水道、総合病院、競馬、テニス、洋風公園、ホテル、クリーニング店、写真館などが挙げられる。県民食は、しらす丼、けんちん汁、イカの塩辛など。

神奈川県は、まず、こう。

そして、こう。

神奈川県

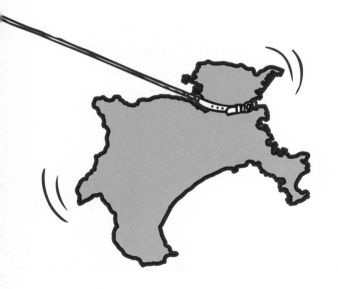

ワンルームだった場合、住みにくい形の都道府県

3位 ··· 石川県

洗濯機置き場

ユニットバス

クローゼット

キッチン

玄関

03

中部地方

ちゅうぶちほう

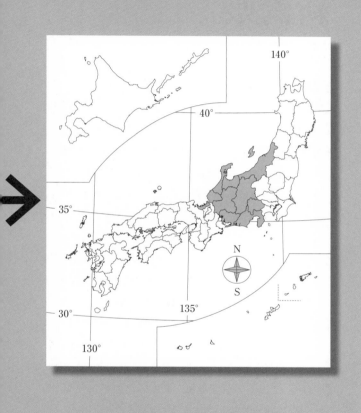

新潟県

基本データ

【総人口】 222万人(15位)

【総面積】 12584㎢ (5位)

【産業】 75%のシェアで、石油ストーブの生産 (出荷額) 日本一。郷土料理の一つに、へぎそばがある。つなぎに布海苔という海藻を使ったそばのこと。県民食は、笹寿司、ちまき、いごねり、きりざい、のっぺい汁、かんずりなど。

【歴史】 古来、「新方」「ニイカタ」と呼ばれるなど、県名の由来は、諸説あり、地形変動で信濃川河口に新しい潟が生まれたからとも。

【祭事】 1月中旬に十日町市松之山町にてむこ投げすみ塗りが行われる (神社の数が4711社あり、全国1位)。

【おまけ】 全国一の豪雪地帯。日本一、離婚率が低い。結婚式では、初めに「ごめんください」と言ってスピーチすることが多い。

　北東から南西方面に細長い形をしていて、大きく、上越地方、中越地方、下越地方、佐渡地方の4地域に分けている。東側には朝日山地や越後山脈が、西側には飛騨山脈が連なる。越後平野は信濃川や阿賀野川の豊かな水に恵まれ、水田地帯が広がっていて、新潟県の農地の9割は水田となっている。「コシヒカリ」で有名な米の生産は全国1位。山間部の棚田でも作付けされる。米を原料にした日本酒やお菓子の生産も盛ん。海岸沿いには砂丘もあり、スイカやネギが栽培されている。県西部の親不知・子不知海岸は断崖絶壁で約15km続いている。工業は、我が国において貴重な石油、天然ガスの産地となっている。天然ガスの生産量は全国1位。伝統工業では、絹織物が名産で、塩沢紬、小千谷縮、十日町明石ちぢみなどが有名。加茂市は桐たんすの日本一の生産地、燕市では金属洋食器の生産が多く、世界に輸出される。

　日本海側気候で、冬になると山間部では3〜4mほどの雪が積もる。かんずりは、一年でいちばん寒い日に仕込むため「寒造里」とも表記。

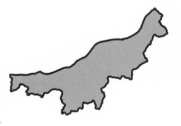

持つとしたら、こう。

そして、こう。

【 POINT 】
周りに民家などがなく、
音を出しても迷惑にならない
場所で練習しましょう。

富山県

基本データ

【総人口】104万人(37位)

【総面積】4248k㎡ (33位)

【 産業 】名産品は、かまぼこ、寒ぶり、昆布じめなど。

【 歴史 】県名の由来は、山の外を意味する「外山」から、縁起良い当て字「富山」になるなど諸説ある。

【 祭事 】4月中旬には、射水市新湊地区西宮神社にてボンボコ祭りが開かれる。

【おまけ】富山湾は蜃気楼で有名。ホタルイカ漁が行われている。名水の産地。県内から4か所が平成の名水百選に選ばれている。南砺市の福光では、プロ野球選手のものをはじめ、日本の大部分の木製バットを生産。「南砺バットミュージアム」もある。

補足

　東部、西武、南部の三方を山に囲まれている。東には立山・剱岳などの飛騨山脈 (北アルプス) が、南西に

飛騨高地と両白山地の山々が連なり、富山湾に面して富山平野が広がる。平野の中央に位置する富山市は面積が広く、県の面積の3分の1近くを占めている。高岡市の雨晴海岸から氷見市の氷見海岸にかけた一帯からは、海越しに3000m級の高い山を望むことができる。立山黒部アルペンルートの道路両脇の雪の壁は巨大で、「雪の大谷」として有名。春は魚津港周辺の海岸から蜃気楼が見えることも。富山県舟橋村は面積3.47㎢で日本一面積の小さい市町村。

　農業は、コシヒカリの米づくりが中心。コシヒカリの他にも「てんたかく」「てんこもり」「富富富」のブランド米がある。県の花はチューリップで、球根の栽培は大正時代から始まっており、生産量は日本一。海外にも輸出している。工業ではとくにアルミ産業が発達しており、アルミサッシの全国シェア1位。その他、製薬業が盛んで、配置売薬は、300年の伝統を持つ。富山の人の昆布好きも伝統的で、1世帯あたりの昆布の消費量は全国1位。県民食も、とろろ昆布のにぎり飯の他、カブス汁、ぶり大根、氷見うどん、イカの黒づくりなど。

持つとしたら、こう。

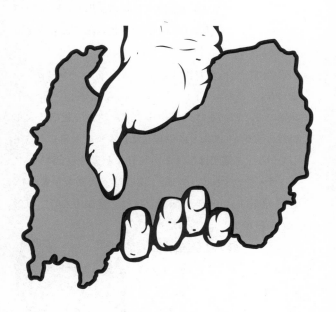

そして、こう。

石川県

基本データ

【総人口】 114万人(33位)

【総面積】 4186km²(35位)

【 産業 】 郷土料理に、治部煮がある。

【 歴史 】 県名の由来は、手取川の川床に小石が多く、「石
多い川」から。

【 祭事 】 金沢市にある尾山神社では、6月に金沢百万石
まつりが、輪島市にある鬼屋神明神社では、2
月上旬にゾンベラ祭りが開催される。

【 おまけ 】 羽咋市の千里浜なぎさドライブウェイは、日本
で唯一、車で波打ち際を走れる海岸。また、
羽咋市はUFOの町とも呼ばれ、宇宙科学博物
館がある。

補足

　北陸地方の中央部に位置する。明治13年頃は越中(富
山)、越前(福井)も管轄し、日本一人口の多い大きな県
だったが、分県運動により現在の形になった。県境には

白山連峰など両白山地が連なる。白山は、立山、富士山と並ぶ「日本三名山（三霊山）」。能登地方と加賀地方に分かれる。羽咋市から小松市にかけては、なめらかな海岸線が続き、その長さは75kmにも及ぶ。石川県は日本海側気候で、一年を通じて降水量が多く、雨が降る日数は年間約185日で全国1位。「弁当忘れても、傘忘れるな」といわれ、金沢駅の東口には、雨にぬれないようガラスドームで覆われた「もてなしドーム」がある。また、山間部の冬は寒さが厳しく、北西の季節風の影響で有数の豪雪地帯であるが、能登半島や海岸沿いの平野部は沖合いの暖流（対馬海流）により、積雪も少なくやや暖かい。能登地方の冬の風物詩「波の花」は有名。

　農業では、米づくりが盛んな他、砂丘地帯ではすいかの栽培も。伝統産業においても、加賀友禅、九谷焼、金沢箔や、輪島塗などは全国的に有名。なかでも金箔は全国生産の98％以上、銀箔はほぼ100％を占めており、金沢箔は金閣寺などの建築物や、九谷焼などの工芸品にも使用されている。金箔ソフトクリームも有名。県民食には柿の葉寿司、いしり、そばだごなどがある。

持つとしたら、こう。

そして、こう。

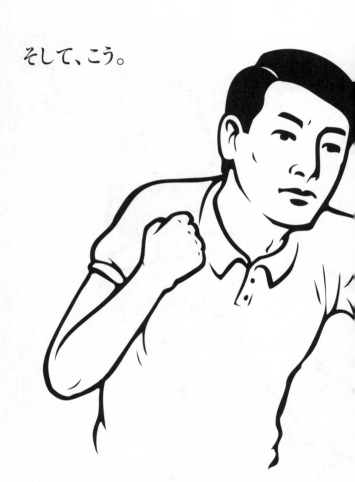

【 POINT 】
思いきり
振りおろしましょう。

福井県

基本データ

〖総人口〗 77万人(43位)

〖総面積〗 4191km²(34位)

〖産業〗 日本で唯一、楽器のハープを生産している。
生産台数は世界第2位。

〖歴史〗 県名の由来は、古い名称の北ノ庄(北の荘)を
江戸時代に「福居」と改め福井になったという
説や、この地にあった井戸「福の井」にちなん
だという説がある。

〖祭事〗 福井市の火産霊神社では、5月24日に馬鹿ばや
しが行われる。

〖おまけ〗 三方五湖は、五色の湖とも呼ばれ、ラムサール
条約に登録されている神秘の湖。

補足

　本州のほぼ中央部に位置する。敦賀湾東の木の芽峠
を境に、福井平野のある嶺北、若狭湾を望む嶺南の地
域に分かれる。現在の福井県は、昔の越前国と若狭国

からなる。明治14年に敦賀県が石川県と滋賀県に統合され、今の福井県となった。昔は大陸からの渡来人の玄関口で、北前船の寄港地として賑わった。若狭湾一帯はリアス式海岸が続き、国定公園に指定されている。

　工業では、メガネのフレームの生産量日本一で、シェアは96％にも上る。主に鯖江市でつくられている。伝統工芸も盛ん。手すき和紙の生産量は日本一で、越前和紙の他、越前焼、越前漆器、越前打刃物、越前竹人形、若狭塗なども有名。漆器製台所用品や食卓用品の出荷額がシェア40％以上で日本一。水産業では、越前がにが有名。ちなみに、ずわいがにを福井県では「越前がに」と呼ぶ。若狭湾ではとらふぐ、牡蠣の養殖も盛ん。福井県の駅弁「越前かにめし」は、ご飯にまでかにの内臓で隠し味をつけた傑作弁当。日本の米を代表する「コシヒカリ」の発祥の地は福井県。昭和19年、新潟県で「農林22号」と「農林1号」とを掛け合わせ、福井県で系統育成されたため。県花である水仙、六条大麦、らっきょう、まいたけなどの生産も盛ん。朴葉飯、越前そば、へしこ、サバのなれずしなどが県民食。

持つとしたら、こう。

そして、こう。

【 POINT 】
念のため、
合鍵を作っておきましょう。

山梨県

基本データ

【総人口】 81万人（42位）

【総面積】 4465㎢（32位）

【 産業 】 ぶどう、もも、すももの生産量は日本一。

【 歴史 】 県名の由来は、ヤマナシの木が多いからという
説や、山をならして村落を造ったので山平（やまならし）となっ
たなどの説がある。中世から「山梨郡」とされる。

【 祭事 】 9月には、4日〜6日にかけて山中湖の山中諏訪
神社にて安産祭りが行われる。11月22日〜23
日には、南アルプス市高尾の高尾穂見神社に
て夜祭りが行われる。

【おまけ】 人口100万人あたり約65館で、図書館の数は全
国1位である。2人以上の1000世帯あたり、ピ
アノ・電子ピアノ所有数は446台で日本一。北
杜市武川町にある実相寺には、樹齢2000年と
もいわれる山高神代桜があり、根回り11.8mで
日本一。

　中部地方の南東部に位置する。南アルプス、八ヶ岳、関東山地、秩父山地、丹沢山地などの山々が甲府盆地を囲む。南部には富士山もあるが、山頂は富士山本宮浅間大社の御神体で、その地は浅間大社のものとなっている。富士山の山頂から東斜面が県境未定地となっている。年間を通じて雨や雪が少なく、昼と夜の気温の差が激しい内陸性気候。中央部の甲府盆地は、夏は暑く、冬は寒さが厳しい。南西部の富士川流域は温暖で雨が多い、太平洋側気候。

　果物の栽培が盛んで、ぶどうはワイン造りにも利用されている。山梨県では他にも、りんご、サクランボ、キウイフルーツなどが出荷されている。観光農園も多く、交通の便が良いことから、大都市からの観光客も増加している。綺麗で豊富な水があることから、ミネラルウォーターの生産量は日本一。総生産量の4割にも上る。県民食は、百万遍、みみ、ほうとう、吉田のうどんなど。工業では、宝石加工業が盛んだが、近年は電子工業やロボット工業が発達。自動車工場などで使われる、産業用のロボットを生産している。

持つとしたら、こう。

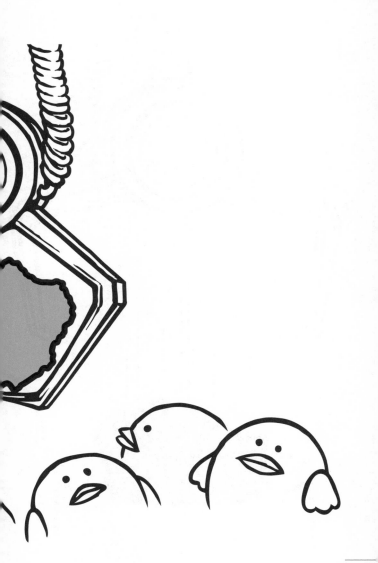

そして、こう。

【 POINT 】
彼女にプレゼントして
あげましょう。

長野県

基本データ

【 総人口 】 205万人（16位）

【 総面積 】 13562㎢（4位）

【 産業 】 名産品として、信州みそ、馬刺し、信州そばなどがある。寒天の全国シェア78％で1位。顕微鏡・拡大鏡の全国シェア80％で1位。

【 歴史 】 県名の由来は、緩く傾斜して広がる扇状地の形容から。

【 祭事 】 善光寺では1月にびんずる廻しが行われる。

【 おまけ 】 佐久地域では、トイレに行くことをおこよ参りと言っていた。

補足

　群馬県・埼玉県・山梨県・静岡県・愛知県・岐阜県・富山県・新潟県と接し、「日本で最も多くの都道府県と隣接する県」である。静岡県とは兵越峠で「峠の国盗り綱引き合戦」で、国境をかけた綱引きイベントが行われる。飛驒山脈（北アルプス）、木曾山脈（中央アルプス）、赤

石山脈（南アルプス）など3000m級の山々が連なり、3000m峰の数は日本一で、「日本の屋根」と呼ばれている。山に囲まれていることから内陸性気候。年間降水量は全体的に少ないが、冬は北部を中心に寒さが厳しく、積雪量が多くなる。

　夏季の涼しい気候を利用した、高原野菜の生産が盛んで、レタス、エリンギ、えのき茸、セロリなどが東京、大阪、名古屋といった大都市へ出荷されていて、とりわけ、レタスの生産量は全国1位を誇る。りんごやぶどうの栽培も有名。生産地や収穫時期をずらしながら栽培している。工業では、精密機器、電子機器を中心に発達。とくに、諏訪盆地には交通の便が良いことからIC関連の工場が並ぶ。県民食は、おやき、戸隠そば、塩イカ、鯉こく、野沢菜漬けなど。上諏訪温泉の間欠泉は、1983年、温泉掘削中に約50m噴出し、その当時、世界2位の高さを記録した。現在は、人工的に5m程度、噴出させている。善光寺の門前町であり川中島古戦場跡もある長野市と、日本にある現存12天守の一つで、国宝5城の一つにも数えられる松本城がある松本市が二大観光名所として知られる。

持つとしたら、こう。

そして、こう。

岐阜県

基本データ

【総人口】 199万人(17位)

【総面積】 10621㎢(7位)

【産業】 理髪用刃物の全国シェア72%で1位。関市は刃物の製造で有名で関刃物ミュージアムもある。名産品として、美濃焼、五平餅、飛騨牛などが有名。

【歴史】 県名の由来は、中国の「岐山」「曲阜」にちなんで織田信長が命名したといわれる他、枝状に分かれた「岐」と、丘陵の「阜」からの、地形に合わせた説もある。

【祭事】 美濃市の大矢田神社のヒンココ祭りや美濃まつり、羽島市の竹鼻まつり、郡上市の郡上おどりや花奪い祭り、岐阜市のぎふ信長まつり、飛騨市古川祭や飛騨神岡祭、高山市の高山祭や神明神社例祭、日本一かがり火まつりなどある。

【おまけ】 郡上八幡の食品サンプル生産量は日本一。

　中部地方の西部に位置しており、愛知県、滋賀県、三重県、福井県、石川県、富山県、長野県の7つの県に囲まれている。北部の飛騨地方は標高3000m級の山々が連なる山岳地帯、南部は海抜0mの濃尾平野が広がっている。同じ県内でも、北部と南部では標高の差が激しいため、ある年を例に挙げると、岐阜県の平均気温が15.5℃、北部の高山市の平均気温は10.6℃というように、差がある。濃尾平野は面積約1800㎢、揖斐川、長良川、木曾川の3つの大きな川が流れ込んでおり、川に囲まれた土地を輪中という。下呂温泉は、群馬県の草津、兵庫県の有馬と並ぶ「日本三名泉」。乗鞍スカイライン、木曾川中流の日本ライン下り、養老の滝など自然が豊富だが、恵那市岩村町は農村景観の日本一を誇る。

　農林水産業では、地域の気候の特徴を活かして、平野では米づくり、中濃、東濃、飛騨地域の山間地から高冷地にかけては、夏の涼しい気候を活かした、トマト、ほうれんそう、夏大根などの栽培が盛ん。中津川市の栗きんとんは名菓で有名。県民食は朴葉味噌焼き、香露うどん、イモもちなどがある。

持つとしたら、こう。

【 POINT 】

頸動脈を
締め上げましょう。

静岡県

基本データ

〖 総人口 〗364万人（10位）

〖 総面積 〗7777km²（13位）

〖 産業 〗楽器・電子楽器の製造品出荷額は全国シェア
約75.8%で1位。特産品は、お茶やみかんの他
にわさび漬け、石垣いちご、静岡県産しらすなど。
焼津港、清水港は、カツオやマグロなどの水
揚げが多く、マグロの缶詰の生産は日本一。

〖 歴史 〗県名の由来は、静岡市北部の丘陵の賤機山の
「賤ヶ丘」から。明治維新で「静」「静岡」「静城」
の三候補から採用された。

〖 祭事 〗浜松市では1月3日に寺野のひよんどりが、4日
に川名のひよんどりが行われる。「ひよんどり」
は「火踊り」がなまったもの。

〖 おまけ 〗廃藩置県後の明治4年、伊豆国と相模国を領
有する足柄県が成立したが、明治9年の行政区
分の再編で相模国は神奈川県に、伊豆国は静

岡県になる。その後、分県運動の影響で、伊豆でも静岡からの離脱運動が起こったが、神奈川県への編入は叶わなかった。

　中部地方の南東部に位置する。東海道五十三次の時代から、関東と関西を結ぶ役割を果たしてきた。令制国の伊豆国、駿河国、遠江国の3国に相当するため、東西に幅広い。県の海岸線をまっすぐ伸ばすと500km以上で、東京から京都までの距離くらいになる。北部には富士山や赤石山脈などの高い山がそびえ、自然に恵まれている。海岸に近い地域と北部の地域とでは、気候が大きく異なる。海岸に近い地域は太平洋側気候で、比較的温暖。北部は内陸性気候で、海岸部に比べて降雪量が多い。

　全国有数の工業県であり、とくに楽器産業は1900年にピアノの国産化に成功して以来盛んで、ピアノの全国シェアはほぼ100%となっている。また、静岡市を中心にプラモデルの会社や工場が集中しており、全国シェアは93%を超える。オートバイや電気機械などの工業も発達。県民食は、とろろ汁、孫茶、こす煮、浜納豆など。

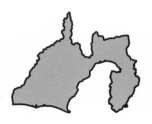

持つとしたら、こう。

《 POINT 》

女性は両手でも可。

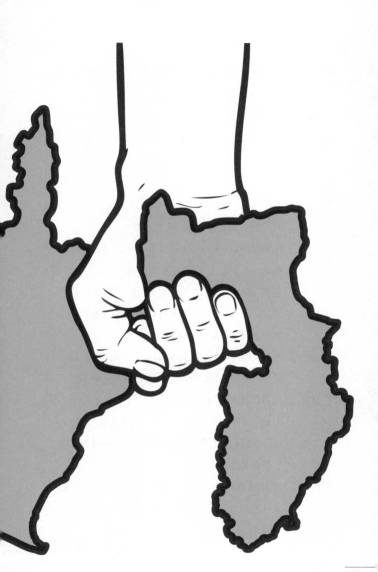

愛知県

基本データ

【総人口】 755万人(4位)

【総面積】 5173km²(27位)

【産業】 味噌煮込みうどん、ひつまぶし、きしめん、小倉トースト、どて煮などは、中京圏の発祥で、名古屋めしと呼ばれる県民食。喫茶店のモーニングセットが奇想天外なことも有名。あさり類の漁獲量は全国1位。

【歴史】 県名の由来は、万葉集の歌「年魚市潟 潮干にけらし……」から命名されたという説がある。

【祭事】 10月には豊田市の拳母祭り、4月に犬山市の犬山祭、8月に西尾市の三河一色大提灯まつり、1月には西尾市熱池八幡社で天下の奇祭てんこ祭が開催される。

【おまけ】 名古屋港口のポートアイランドは、工事が開始された昭和49年以来、境界未定の埋立地となっている。

　中部地方の南部に位置する。県の中部を流れる境川によって、濃尾平野を中心とした尾張地方と、岡崎平野、豊橋平野を有する三河地方の2つの地域に分かれる。尾張地方は織田信長、豊臣秀吉を生み、三河地方は徳川家康の出身地である。鎌倉幕府初代将軍の源頼朝は名古屋市熱田区に生まれた。太平洋側気候で、夏は高温多湿で蒸し暑い。冬は伊吹おろしという乾燥した冷たい風が吹き、寒い。

　豊田市を中心に自動車工場が数多く存在し、中京工業地帯のなかでも製造品出荷額はトップ。農業では、キャベツ、シソ（大葉）、フキ、キクなどの生産が有名で全国シェア1位となっている。畜産では、名古屋コーチンが、秋田県の比内地鶏、鹿児島県の薩摩地鶏と並ぶ、「日本三大地鶏」。産地水産業では、佐藤宗三郎が金魚の採卵、孵化に成功し、本格的な養殖を開始。これをきっかけに農家の副業として広まった。
1994年、スペースシャトル・コロンビア号で行った実験の一つとして、金魚6尾を用いた宇宙酔いの実験があるが、その時に使われたのが弥富市の弥富金魚。

持つとしたら、こう。

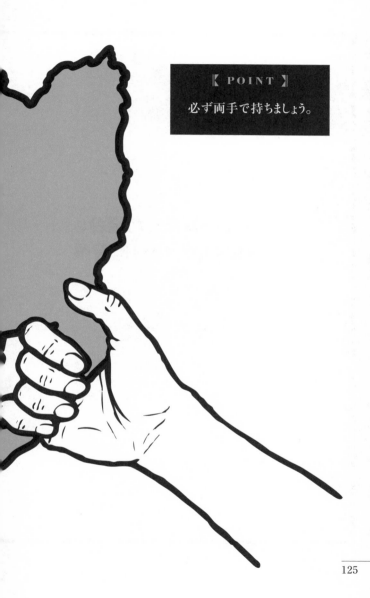

【 POINT 】

必ず両手で持ちましょう。

ワンルームだった場合、
住みにくい形の都道府県

2位…滋賀県

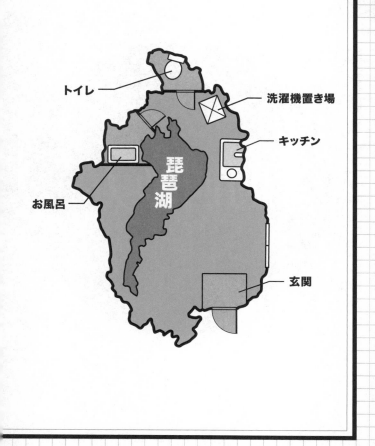

トイレ

洗濯機置き場

キッチン

お風呂

琵琶湖

玄関

04

関西地方

かんさいちほう

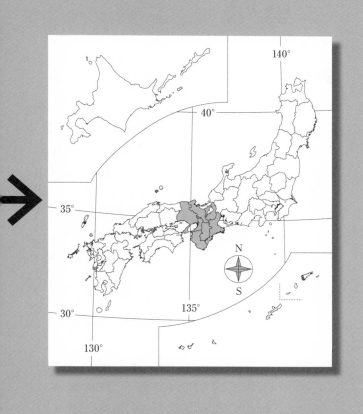

三重県

基本データ

【総人口】 178万人（22位）

【総面積】 5774k㎡（25位）

【 産業 】 名産品として、伊勢えび、赤福餅などがある。
松阪牛は、高級牛肉の代表。亀山市のろうそ
くの生産量は日本一。鍵の生産量も日本一。

【 歴史 】 県名の由来は、日本武尊が「東国平定後、こ
の地に着いたら足が三重に曲がるほど疲れた」
という故事からきているとの説、鈴鹿川の「水
辺」からの説などがある。

【 祭事 】 元旦には鳥羽市の神島でゲーター祭が開かれ
る。2月1日〜5日には尾鷲市の尾鷲神社にて
ヤーヤ祭りが行われる。

【おまけ】 伊勢の鈴鹿、美濃の不破、越前の愛発に三関
といわれる大きな関所があり、この3か所の「関」
を境にして東と西に分けたのが「関東」と「関西」
の由来。

　南北に細長く、東は伊勢湾、南は熊野灘に面している。中央部には志摩半島が突き出ていて、リアス式海岸を利用した真珠の養殖が明治時代から行われている。伊勢えびの生産額は日本一。海女の人数も日本一。鳥羽市の海女によるアワビ、サザエ漁の他、真珠、牡蠣、ノリの養殖が盛ん。2016年には志摩市の賢島で伊勢志摩サミットが開かれた。北部に位置する四日市市には石油化学コンビナートがつくられ、自動車工業などが発展。

　観光面では、伊勢神宮をはじめ、世界遺産に登録されている熊野古道、F1のレースなども行われる鈴鹿サーキット、夫婦岩のある二見浦など多くの観光客で賑わう。名張市にある赤目四十八滝は、国の特別天然記念物に指定されているオオサンショウウオが生息するほど、水の綺麗なところである。オオサンショウウオの生息地は数が少なく、非常に貴重である。

温暖な気候もあって、穏やかでガツガツしない県民性。愛知県、岐阜県とで東海三県と称されるが、県民は関西弁を話す。県民食はしぐれむすび、手こねずし、トンテキ、伊勢うどんなど。

持つとしたら、こう。

そして、こう。

⟦ POINT ⟧

報酬は、スイス銀行に
振り込まれます。

滋賀県

基本データ

【総人口】 141万人（26位）

【総面積】 4107㎢（38位）

【 産業 】 名産品は、たぬきの置物で知られる信楽焼、近江牛、ふなずしなど。プラスチック雨どいの出荷額は日本一。

【 歴史 】 県名の由来は、砂州や低湿地のことを「しが」ということから、琵琶湖沿岸の低湿地から命名されたという説、平安時代末期の「千載和歌集」に「志賀の都」とあったからという説、また、岩や石が多い場所「石処」から「滋賀」となった説など、諸説ある。

【 祭事 】 1月上旬には、東近江市の法徳寺薬師堂にて、西市辺裸まつりが開催される。

【おまけ】 米原市と関ケ原町の県境には、江濃国境「寝物語」にまつわる伝承の地がある。滋賀県側と岐阜県側にそれぞれ石碑が建つ。

　県の面積の6分の1を琵琶湖が占める。琵琶の形に似ていることから、この名が付いたといわれる。周囲の長さは約235.2kmで、約275億㎥の水を蓄える。古代湖としても知られる琵琶湖には、ニゴロブナやホンモロコ、ビワヒガイなどの魚や、セタシジミ、ナガタニシなどの貝類、あわせて16種類の魚類と29種類の貝類が、琵琶湖にしか生息しない琵琶湖固有種とされている。

　滋賀県は、昔から関東・北陸と京都・大阪を結ぶ要所として栄えてきた。今では、名神高速道路、北陸自動車道、湖西道路、京滋バイパスなどが整備されている。農業が盛んで、県の面積の7分の1が農地用。近江盆地には、干拓してできた水田が広がる。滋賀県で穫れた米は全て近江米と呼ばれ、ブランド化している。米以外にも、かぶ、水菜、麦類なども多く生産。琵琶湖では、アユやシジミ、エビの漁や養殖が行われている。琵琶湖の東南部では、近江牛を飼育。琵琶湖の水質を維持するための「みずすまし構想」がある。県民食はふなずし、宇川ずし、焼きさばそうめん、日野菜の桜漬けなどがある。

持つとしたら、こう。

【 POINT 】
琵琶湖に、
しっかりと肩を入れましょう。

京都府

基本データ

【総人口】 258万人(13位)

【総面積】 4612km²(31位)

【産業】 ちりめん類の生産量1位。名産品に宇治茶、西陣織、京友禅、京すだれ、しば漬けなどがある。

【歴史】 府名の由来は、天皇の所在地「みやこ」から。府の花はしだれざくら。

【祭事】 7月には祇園祭が、8月には京都五山送り火(大文字焼き)、10月には広隆寺で牛祭、由岐神社で鞍馬の火祭が、4月には今宮神社でやすらい祭が行われる。牛祭、鞍馬の火祭、やすらい祭は京の三大奇祭。

【おまけ】 四年制大学生数、大学院生数は全国1位。パン消費量も日本一。

補足

　近畿地方の北部に位置し、北西から南東方面に細長い形をしている。北部は日本海に面しており、丹後半島

がリアス式海岸の若狭湾に突き出している。宮城県の松島、広島県の宮島と並ぶ「日本三景」の一つである天橋立があり、由良川が注いでいる。複雑な地形をしているため、北部は日本海側気候、南部は内陸性気候。冬になると、北部では曇り空の日が多い。南部も厳しい寒さが続くが、夏は涼しいわけではなく、気温も湿度も高く、蒸し暑い日が続く。

　南部に位置する京都市は、794年の平安京遷都から明治維新まで都として栄えた。歴史的建造物も多く、国宝指定建造物は、平等院鳳凰堂など51件。清水寺、二条城など、京都を中心に17の寺院などが世界遺産に登録されている。そのためもあって、京都を訪れる外国人観光客は、毎年800万人以上を数え、日本を訪れる外国人の3.5人に1人が京都観光をしている。伝統工業も盛んで、国指定伝統工芸品も17品で日本一。300年以上の伝統を誇る丹波ちりめん、5世紀から伝わる西陣織、清水焼などが有名。山科区に清水焼の工業団地があり、清水焼に関する店や会社が集中している。府民食はサバずし、にしんそば、衣笠丼、しば漬けなど。

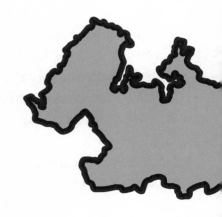

持つとしたら、こう。

そして、こう。

《 POINT 》
吸い過ぎに
注意しましょう。

大阪府

基本データ

【 総人口 】 881万人(3位)

【 総面積 】 1905㎢ (46位)

【 産業 】 魔法瓶の全国シェア77.8%。チョコレートの生産量952億円で全国1位。粟おこし、岩おこしはお土産として有名。箕面市では、もみじの天ぷらが有名。

【 歴史 】 府名の由来は、大きな坂のある町からという説や、「小坂」から「大坂」になったという説、広大な低湿地帯「大すか」からの説などがある。幕末、「坂」が、「土に返る」だから縁起が悪いと「大阪」に。

【 祭事 】 9月の中旬には、岸和田だんじり祭が行われる。

【 おまけ 】 大阪府と奈良県の境界に連なる生駒山地の稜線を走る「信貴生駒スカイライン」は県境を何度も越える。14.1㎞のコースの走行で、十数回、県境をまたぐ。

　近畿地方の中部に位置し、京都府・奈良県・兵庫県・和歌山県と接する。東に生駒・金剛山地、南に和泉山脈、北に北摂山地と、三方を山に囲まれている。面積は、全国土の0.5%しかなく、都道府県で2番目に小さいが、総人口の約7%を占める。かつては日本で一番面積の小さな都道府県であったが、埋め立てによって香川県を抜いた。気候は瀬戸内気候で、比較的晴天の日が多い。

　臨海地域には、阪神工業地帯や堺泉北臨海工業地域が広がり、機械、金属、化学、鉄鋼、造船などの工場が並ぶ。また、泉南地域は繊維工業が盛んで、なかでも泉大津市は、全国の90%の毛布を生産する毛布王国。農業では、大阪市に出荷する近郊農業が行われる。しゅんぎくの生産は全国2位、ふきは3位を誇る。伝統野菜の水ナスも有名。府民食は俵むすび、加薬ごはん、箱寿司（大阪寿司）、船場汁など。

　大阪万博が開催された1970年の頃から黒いタクシーが急増。高級感を求める市民の声により、黒色のタクシーが多くなったという噂がある。鉄道関連では、自動改札機も動く歩道も全国初は大阪である。

持つとしたら、こう。

そして、こうむいて……

こう。

《 POINT 》

皮は生ゴミです。

兵庫県

基本データ

【総人口】 547万人(7位)

【総面積】 8401k㎡ (12位)

【 産業 】 ガス風呂釜の全国シェア90.1%で1位。手引きのこぎりの生産量1位。たつの市とその周辺は、「揖保乃糸」の名で知られる手延べそうめんが有名。小野市は、そろばんの全国生産の多くを占める。丹波の黒豆、イカナゴの釘煮は有名。

【 歴史 】 県名の由来は、天智天皇の時代、唐、新羅との戦争に備えた武器庫「兵庫」があったことから。

【 祭事 】 12月14日には、赤穂市の大石神社にて赤穂義士祭が、5月には相生市で相生ペーロン祭が開催される。

【 おまけ 】 「神戸」はコウベと読む場合が多いが、ゴウド、コウド、カンベ、カノト、カンド、ジンゴと読むところもある他、神戸上と書いてカドノカミと読む地名もある。

　近畿地方の西部に位置する。面積は近畿地方で一番広い。北側は日本海に、南側は瀬戸内海に面しており、瀬戸内海には淡路島が浮かぶ。淡路島は、「古事記」によると、日本で最初に生まれた島とされている。気候は北側と南側で分かれており、北部は日本海側気候で冬の降水量が多く、南部は瀬戸内気候で、一年を通して降水量が少なめである。水産業では、沖合漁業が盛ん。ちなみに、兵庫県、鳥取県、島根県では、ずわいがにを「松葉がに」と呼び、北陸地方では「越前がに」と呼ぶ。工業は、阪神工業地帯や播磨臨海工業地域に電気機械、造船、鉄鋼など多くの工場が並ぶ。その他の産業は、酒づくりの盛んな神戸市では酒造工場が多く並ぶ。山崎豊子の『華麗なる一族』は、1960年代の芦屋が舞台。学生カバン・ランドセルの全国シェア日本一。神戸市中央区の国道174号は日本一短い国道。世界最初のパイプ構造の観光タワーは神戸ポートタワーである。朝来市の竹田城跡は雲海に浮かび、日本のマチュピチュと称される。県民食は黒豆ごはんおにぎり、いがい飯、播州そうめんなど。

持つとしたら、こう。

《 POINT 》

関西では、常識です。

奈良県

基本データ

【総人口】 133万人(29位)

【総面積】 3691㎢(40位)

【 産業 】 名産品は、柿の葉ずし、奈良漬、吉野杉など。
ソックスとストッキングの生産量日本一。桜井
市の特産品は、手延べそうめん。「三輪そうめん」
の名で知られている。奈良市では、日本の大
部分の墨(奈良墨)を生産している。

【 歴史 】 県名の由来は、なだらかで平らな土地「ならす
山(なら山)」だからという説がある。

【 祭事 】 奈良市では1月に若草山焼き、3月には東大寺
二月堂修二会が、4月1日には、天理市の大和
神社にてちゃんちゃん祭りが行われる。

【 おまけ 】 奈良県は、明治9年に隣の堺県に併合され、
明治14年には堺県も大阪府に併合される。分
県運動により、明治20年にようやく大阪府から
の分離が認められた。

　近畿地方の南部に位置し、面積の9割が山地。県の中央部には吉野川が流れ、吉野川の南側には紀伊山地が連なり、北側には奈良盆地が広がっている。奈良盆地は飛鳥時代より政治と文化の中心地となっており、平城京は約24k㎡の広さを誇った。今でも奈良盆地には県の人口の8割が集まっている。盆地の南には、大和三山と呼ばれている天香久山、耳成山、畝傍山が連なる。吉野杉の生産をはじめとして、林業が盛んだが、京阪神の大都市に近いことから近郊農業も盛ん。トマト、いちご、なす、ほうれんそうなどの野菜や柿、梅などを栽培している。柿の収穫量は全国2位。

　奈良県には歴史的な名所が多く、「法隆寺地域の仏教建造物」「古都奈良の文化財」「紀伊山地の霊場と参詣道」の、3つの世界遺産があり、国内外から多くの観光客が訪れている。なかでも、奈良の大仏は、国内はもとより海外の観光客に人気。石舞台古墳、高松塚古墳、キトラ古墳は明日香村にある。県民食には、目張ずし、奈良茶飯、奈良漬、吉野葛、十津川柚餅子、とう菜漬けなどがある。

　奈良県

持つとしたら、こう。

そして、こう。

沖縄県

または、こう。

〖 POINT 〗
食後はきちんと
歯をみがきましょう。

和歌山県

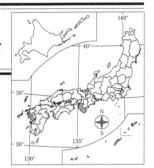

基本データ

【総人口】93万人(40位)

【総面積】4725k㎡(30位)

【 産業 】梅、柿、みかん、はっさくなど、農産物の出荷額
　　　　 60%以上を果物が占める。有田川沿いは、み
　　　　 かんやはっさくの栽培が盛ん。みなべ町発祥の
　　　　 南高梅をはじめとした梅、九度山町の富有柿を
　　　　 はじめとした柿などは全国で1位の「果樹王国」。

【 歴史 】県名の由来は、旧城下町の岡山と和歌の浦に
　　　　 ちなんで命名したなど、諸説がある。

【 祭事 】10月10日には日高川町の丹生神社にて笑い祭
　　　　 (丹生祭) が行われる。

【 おまけ 】1人あたりの郵便貯金残高全国1位。人口10万
　　　　 人あたりの一般診療所の数全国1位。世界遺
　　　　 産に認定された熊野古道がある。

補足

　紀伊半島の南西部に位置する、本州最南端の県。奈

良県境には紀伊山地があり、有田川、日高川、日置川
などが流れている。米づくりとともに、梅の収穫量は日
本一で、全国の約6割以上を占める。田辺市やみなべ町
では、梅ぼしづくりも盛ん。じゃばら（柑橘類の一種）は、
世界でも北山村でしか生産されていない。秘境としても
知られる北山村は、日本でたった一つの飛び地の村でも
ある。新宮と縁が深かったために廃藩置県で和歌山県
に編入されたといわれるが、村付近の行政区分を行った
際に北山村だけがとりのこされたという説もある。また、
工業は、和歌山市周辺に臨海工業地域が広がっていて、
金属、機械工業、石油化学工業などが中心。伝統工業
では、紀州の桐たんす、紀州へら竿、紀州漆器などが
代表的である。漁業では、近畿最大のマグロ漁業の基
地として有名な勝浦港がある。紀南はマダイの養殖が盛
ん。箕島漁港に水揚げされる太刀魚は全国1位。
「紀伊山地の霊場と参詣道」は世界遺産に登録されてい
て、南紀海岸、白浜温泉などと
ともに多くの観光客が訪れる。
太地町は古式捕鯨発祥の地で、
くじらの博物館がある。県民食
はサンマずし、めはり寿司、茶
がゆ、ハリハリ鍋、クエ鍋など。

和歌山県

持つとしたら、こう。

そして、こう。

すかさず、こう。

激闘の末、こう。

埼玉県

両手を上げて、こう。

05

中国地方

ちゅうごくちほう

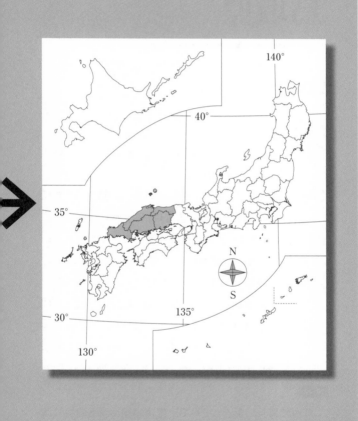

鳥取県

基本データ

【総人口】56万人(47位)

【総面積】3507㎢(41位)

【 産業 】特産品は二十世紀梨。二十世紀梨の花は県の
花にも指定されている。

【 歴史 】県名の由来は、大和政権時代、鳥を捕える役
目の鳥取部が居住していたことから。

【 祭事 】8月の第一土曜と日曜には、米子市で、米子が
いな祭が開催される。

【 おまけ 】15歳以上のボランティア活動の参加率全国1位。
境港市は「ゲゲゲの鬼太郎」の作者、水木しげ
るの出身地で、「水木しげるロード」は観光ス
ポットで有名。マヨネーズと、カレールウの消
費量が全国1位。

補足

　東西に細長い形をしていて、南側の岡山県との境には
中国山地が、北は日本海に接している。日本海側の気

候であるが、対馬海流が流れているため、比較的温暖。一方、中国山地側は、冬になるとたくさんの雪が降る。大山は志賀直哉の「暗夜行路」にも登場。中国地方最高峰で、北西から見ると富士山のようにも見えることから、伯耆富士ともいわれ、日本百景および、日本百名山にも指定されている。東部の千代川河口付近には鳥取砂丘が、中部の天神川河口付近には北条砂丘が広がっている。鳥取砂丘は海岸砂丘のため、海風が風紋をつくり美しく、国の天然記念物にも指定されている。

　工業に関しては、電気機械や電子部品の出荷額が多い。携帯電話やデジタルカメラなどに使われる液晶ディスプレイの工場があることで有名。農業では、主に県の中央部から東部にかけては、100年前に始まったという二十世紀梨の栽培が行われ、海岸沿いの砂丘では砂丘らっきょうや砂丘ながいも、白ねぎなどを栽培、大山の地域ではすいかなどが栽培されている。漁業では境港が日本有数の水揚げ量を誇り、アジ、イワシ、サバ、スルメイカなどが水揚げされる。とくに冬には松葉がに漁が盛んになる。県民食は、ののこ飯、シロハタずし、らっきょうの甘酢漬けなど。

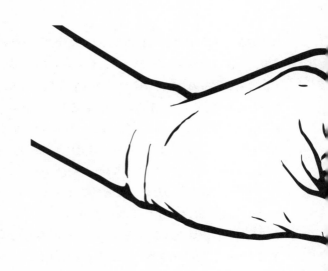

持つとしたら、こう。

【 POINT 】
境港市が折れないように
注意しましょう。

島根県

基本データ

【総人口】 67万人(46位)

【総面積】 6708km²(19位)

【 産業 】 味噌汁の定番、ヤマトシジミの漁獲量は日本一。全国シェアは4割以上。

【 歴史 】 県名の由来は、島のように嶺が連なる地形「島嶺」、島が根のように食い込んだ島根半島の形状から付けられたなど、諸説ある。

【 祭事 】 7月20日には、邑南町にて、鹿子原の虫送り踊りが、松江市では10年に一度、日本三大船神事の一つホーランエンヤが行われ、11月、出雲大社で神在祭が行われる。祭の間は「お忌みさん」と呼ばれる。

【 おまけ 】 出雲大社は大国主大神を祀り、神楽殿のしめ縄は長さ13.6m、重さ5200kg。数年ごとに交換する。年に一度、全国の神様が集まる旧暦の10月「神無月」を出雲地方では「神在月」と呼ぶ。

　中国地方の北側に位置する。東部に位置する松江市には、宍道湖と中海があり、たくさんの水路がつくられている。そのため、松江市は「水の都」とも呼ばれている。中央部に位置する石見銀山からは、16〜17世紀にかけて大量の銀が掘り出された。当時、世界で流通した銀の約3分の1が日本の銀であり、さらにそのほとんどが石見銀山で産出されたものであったといわれている。自然を破壊せず、環境に配慮したことが評価され、「自然環境と共存した産業遺産」として世界遺産に登録された。東部に位置する出雲大社は、古い歴史をもち、大国主大神を祀り、縁結びの神様として知られる。西部に位置する津和野町は、「山陰の小京都」と呼ばれており、土塀の古い町並みが残されていて、観光客で賑わう。農業は米づくりが中心で、出雲平野を中心につくられている。キャベツ、玉ねぎ、トマト、アスパラガス、ブロッコリー、パプリカの栽培でも知られるが、平成15年に、ブロッコリーとビタミン菜を交配させた「あすっこ」が誕生。オリジナル野菜として人気。県民食は出雲そば、うずめ飯、シジミ汁など。

持つとしたら、こう。

【 POINT 】
油が手につかないように
アルミホイルで。

岡山県

基本データ

【総人口】189万人(20位)

【総面積】7114km²(17位)

【産業】白桃は、岡山県で生まれた。生産量も日本一。
マスカット、ネオマスカットの生産量も、日本一。
「桃太郎」でおなじみの「きびだんご」は特産品。
県民食は、岡山ばらずし、サバずし、蒜山(ひるぜん)お
こわ、サワラ料理。ジーンズの生産量、男女
学生服の出荷額、日本一。

【歴史】県名の由来は、岡山城のあった小さな丘の名
からなど、諸説ある。

【祭事】旧暦5月5日に近い土曜日に、笠岡市でひった
かが開催される。

【おまけ】都道府県立図書館の貸出冊数は全国2位。

補足

　中国地方の東部に位置し、南側は瀬戸内海に面して
いる。笠岡湾の干潟は、天然記念物のカブトガニ生息

地として有名。一年を通じて温暖で、晴れの日が多く、「晴れの国おかやま」としても知られ、台風の影響も比較的受けにくい。児島湾では古くから干拓が行われ、岡山平野のほぼ半分は、干拓によって広げられた土地である。沿岸は、瀬戸内工業地域に含まれていて、機械工業、化学工業、鉄鋼業などが発達している。倉敷市、井原市を中心に繊維工業が盛んで、倉敷市児島地区には「児島ジーンズストリート」や「児島学生服資料館」がある。気候に恵まれているため農業も盛ん。米、野菜、果実が多くつくられており、なかでも岡山市を中心に栽培されているピオーネの品種の生産量は日本一。瀬戸内海沿岸では、牡蠣や海苔の養殖も。1988年に供用を開始した瀬戸大橋は、倉敷市と香川県坂出市の間にある島々を、橋によって結ぶ。中部にはなだらかな吉備平野が、北部には中国山地が連なっていて、酪農が盛ん。蒜山高原では乳牛が放牧されて、冬はスキー客で賑わう。真庭市・蒜山高原の乳牛、ジャージー雌牛飼養頭数は全国シェア20％以上で日本一。岡山市の岡山城に隣接する後楽園は、金沢の兼六園、水戸の偕楽園と並ぶ「日本三名園」。

岡山県は、こう。

【 POINT 】

豪快にかぶりつきましょう。

広島県

基本データ

【総人口】 280万人（12位）

【総面積】 8479㎢（11位）

【 産業 】 やすりの生産はシェア75.7％で全国1位。ゴム手袋の生産量も日本一。鏡縁・額縁の生産量も日本一。マツタケの産地としては日本一。

【 歴史 】 県名の由来は、広い三角州の島々があった、三角州が島に見えたことで広島と名付けられた、大江「広」元と、福「島」元長から1文字ずつとって「広島」と名付けられたなど諸説ある。

【 祭事 】 11月には尾道市で尾道ベッチャー祭が開催される。「ベッチャー」とは「ベタ」が訛ったもの。

【おまけ】 広島県の西にある大竹市の飛び地は、隣の廿日市市のなかに11か所ある。

補足

　中国地方の中央に位置し、西に山口県、東に岡山県、北は島根県と鳥取県に接している。南側は瀬戸内海に

面していて、142の島々がある。山が多く、広島市は太田川に運ばれてきた土砂がたまってできた三角州にある。市内には6つの川が流れており、水上タクシーも走っている。山間部は、冬の季節風の影響を受けるが、それを除けば、一年中雨が少なく夏は高温で、冬も比較的暖かい。南部は瀬戸内工業地域の一部になっていて、とくに自動車工業が盛ん。埋立地には自動車や自動車部品の工場が並ぶ。他にも、呉市と三原市では造船業、福山市と呉市では鉄鋼業が行われてきた。広島湾では、牡蠣の養殖が盛んで、生産量は2位の岡山県の6倍で、日本一の生産量を誇っている。生口島や因島など、瀬戸内海の島々では、みかんやレモン、ネーブルオレンジやはっさくが栽培されていることで有名。とりわけ大崎下島は、日本で初めてレモンの栽培が始まったところだといわれている。また、厳島神社と原爆ドームは世界遺産に登録されている。厳島神社の大鳥居は、建立から140年以上が経過し、大規模な保存修理工事が行われている。広島市とホノルル市とは姉妹都市になっている。県民食は角ずし、さんばい、水軍鍋など。

広島県は、こう。

【 POINT 】
息で飛ばないように
注意しましょう。

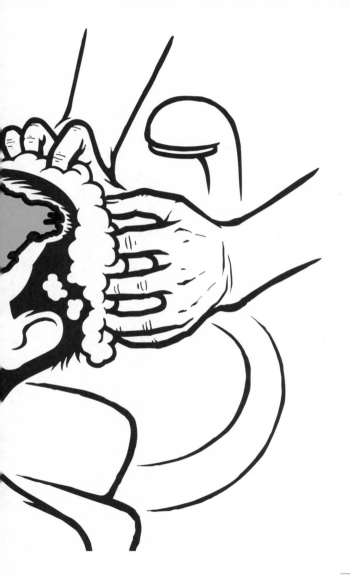

山口県

基本データ

【総人口】 136万人(27位)

【総面積】 6113㎢ (23位)

【産業】 下関港のふぐの水揚げ高は日本一。名産品に、いりこ、うに、赤間硯、かまぼこなどがある。下関市豊浦町の郷土料理は、瓦そば。熱した瓦の上に茶そばと具を載せた料理。

【歴史】 県名の由来は、山地への入口で、山が近い土地という意味や、山の縁を意味する「山縁」から、など諸説あり。

【祭事】 10月9日には、平生町の白鳥神社にてドンデン押し山が開催される。

【おまけ】 萩市は、日本で唯一「江戸時代の地図がそのまま使えるまち」。城下町のたたずまいが都市遺産として今なお現存している。吉田松陰、木戸孝允、高杉晋作らを輩出した「明治維新胎動の地」でもある。

　本州の西の端に位置する。三方を海に囲まれており、北は日本海、西は響灘、南は周防灘に面している。気候は地域によって違いがあり、日本海側は冬に強い季節風が吹き、瀬戸内海側は、冬に晴れの日が続く。アカマツは県内に広く分布していて、干ばつに強いことから「根性の木」ともいわれている。西部には、日本最大の石灰岩の台地である、秋吉台カルスト台地が広がり、日本最大級の鍾乳洞「秋芳洞」などがあり、観光スポットに。下関市はふぐの取り扱い量が日本一で、ふぐは「福」につながるため、「ふく」と呼ばれている。ふぐには毒があるため、明治時代にはふぐを食べることが禁止されていたが、萩出身で政治家の伊藤博文が、ふぐを食べられないのはもったいないとして、解禁したといわれている。県民食は岩国ずし、ワカメむすび、岩国茶がゆ、いとこ煮、寒漬け、外郎など。夏みかんは、長門市青海島が原産。萩で多く生産されている。南部には大規模なコンビナートが形成されていて、自動車、電子部品、セメント、鉄鋼などの工業が行われている。「たわん」とは「届かない」の意味。

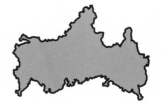

持つとしたら、こう。

そして、こう。

【 POINT 】

熱いうちに食べましょう。

06

四国地方

しこくちほう

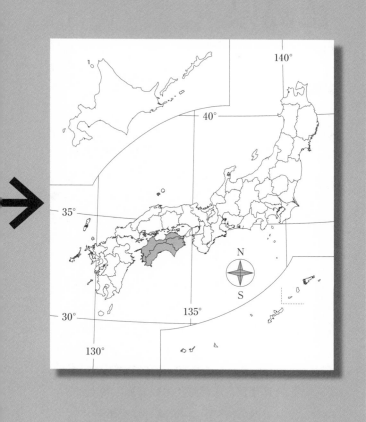

徳島県

基本データ

【総人口】 73万人(44位)

【総面積】 4147㎢(36位)

【産業】 地鶏である阿波尾鶏は、出荷羽数は地鶏として全国トップ。もち米に、うるち米を混ぜたものを半分だけ潰して作った郷土料理のおはぎを「はんごろし」という。主に徳島県那賀町で作られている。県民食はほかに、たらいうどん、半田そうめんなど。

【歴史】 県名の由来は、吉野川の三角州の島の名からつけられたなど、諸説ある。

【祭事】 8月には、徳島市などで阿波おどりが開催される。10月には、阿南市の海正八幡神社にて、橘の喧嘩だんじり祭りが開催される。

【おまけ】 淡路島は、江戸時代は徳島藩の領土だった。しかし、明治3年に「稲田騒動」が起こったことで、阿波と切り離され、兵庫県に編入されてしまった。

　四国の北東部に位置している。東は紀伊水道、南は太平洋に面している。大鳴門橋と明石海峡大橋により、鳴門と神戸間が陸路でつながった。吉野川の南側には四国山地、北側には讃岐山脈が連なっていて、面積の8割が山地。気候は北部と南部で大きく異なり、北部は瀬戸内気候で雨が少なく、南部は雨の多い太平洋側気候となっている。

　吉野川は「四国三郎」と呼ばれ、利根川の「坂東太郎」、筑後川の「筑紫次郎」と共に、日本三大暴れ川の一つに数えられている。下流域では藍の栽培が盛んだが、これは吉野川の氾濫によって肥えた土が上流から運ばれてきたため。加えて、徳島の気候風土が藍の栽培に向いていたこともあり、全国一の藍どころとなった。古くから栽培されていたが、蜂須賀家政が藩の財政を支えるために、藍栽培を奨励した。そのほか、美波町は美しい海岸線が続いており、うみがめが来る町として有名で、うみがめ博物館カレッタもある。徳島県はケーブルテレビの世帯普及率9割以上で全国1位だが、森林県としても知られている。

持つとしたら、こう。

【 POINT 】
落とさないように
注意しましょう。

香川県

基本データ

〖**総人口**〗96万人（39位）

〖**総面積**〗1877km²（47位）

〖**産業**〗讃岐うどんの本場としても有名。県内にあるうどん屋の数は約900軒を超える。小豆島は日本一のオリーブの産地、シェアは91%。香川県の花はオリーブの花、県の木はオリーブの木。丸亀市では、日本のうちわの大部分を生産している。

〖**歴史**〗県名の由来は、草木の多いところを流れる「かが川」からという説や、川から良い香りがしたなど、たくさんの説がある。

〖**祭事**〗10月には、旧豊浜町にて、さぬき豊浜ちょうさ祭が開催される。

〖**おまけ**〗宿毛湾沖の沖の島は、江戸時代、国境線をめぐり土佐藩と宇和島藩が激しい紛争を繰り広げたが、廃藩置県後、沖の島、姫島、鵜来島は高知県に編入された。

　四国の北東部に位置し、讃岐半島と備讃諸島からなり、東西に長い形をしている。南部には東西に讃岐山脈が連なり、丸亀の飯野山は美しい円錐形で「讃岐富士」と呼ばれ、新日本百名山の一つ。北側には小豆島はじめ、100もの島々がある。とくに雨が少ない県であるため、古くから雨乞いの儀式が行われ、14,000のため池がつくられた。高速道路の開通などにより、京阪神の大都市に行きやすくなったことで、米や小麦、レタス、きゅうりなどといった農業が盛んに。小豆島は、気候がギリシャなどに似ていることもあり、オリーブの栽培で有名。坂出市では、日照時間が長く、遠浅の海が広がっていることから製塩業が発展した。年間晴れ日数は日本一。

　讃岐うどんは独特の強いコシが特色で、香川県は、小麦や塩、いりこやしょうゆなど、うどんの材料となる食材が手に入りやすいこともあり、うどん屋の数、うどんの生産量、1人あたりの消費量、外食費用の全てが日本一。県民食は、讃岐うどんのほか、アジの三杯、こんこなど。あいむす焼きは、えびせんべいのこと。

香川県は、こう。

209

愛媛県

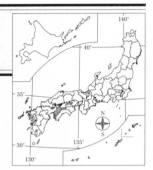

基本データ

【総人口】 134万人（28位）

【総面積】 5676km²（26位）

【 産業 】 いよかんの生産量日本一。タオル生産量日本
一。今治市で生産されている。障子紙、書道
用紙の生産量日本一。宇和海で、真珠を養殖
している。名産品として、砥部焼、五色そうめん、
じゃこ天、削りかまぼこなどがある。

【 歴史 】 「えひめ」は織物に秀でた女性。「古事記」に基
づいて命名されたなど、諸説ある。

【 祭事 】 毎年1月には、松山市の湯神社で「初子祭」が
開かれる。

【 おまけ 】 松山市の道後温泉は、「日本書紀」にも出てく
る日本最古級の温泉。

補足

　四国の北西部に位置する。四国山地から多くの川が流
れており、川の下流域には松山平野や新居浜平野が広

がる。標高1982mで、西日本一高い石鎚山や、四国カルストがある。東予、中予、南予に区分されるが、南予の宇和島には、複雑に入り組んだリアス式海岸が見られ、県全体の海岸線の長さは1633kmで全国第5位。また、瀬戸内海の10の島を「瀬戸内しまなみ海道」の7つの橋がつなぎ、全長約60kmの道のりで広島へと渡ることができる。日本で初めての海峡を横断できる自転車道として有名である。気候は、南西部の宇和海側と瀬戸内海側とで分かれる。宇和海側は夏に雨の多い太平洋側気候だが、瀬戸内側は雨が少なくて暖かい瀬戸内気候。「柑橘王国」と呼ばれるほど柑橘類の生産が盛ん。沿岸部には、みかんの段々畑が広がる。水はけが良く、日照時間が長く、肥えた土が多いこともあり、愛媛県は柑橘類の栽培に適している。東部や中部は瀬戸内工業地域に含まれている。新居浜市にはコンビナートが広がり、機械、電子部品などの工場が並び、タオルの産地で有名な今治市には100を超える工場があり、四国中央市には紙・パルプの工場が並ぶ。県民食は、おたま、鯛めし、鯛そうめん、たこ飯、かんころ、ゆべしなどがある。

愛媛県

持つとしたら、こう。

高知県

【総人口】 70万人（45位）

【総面積】 7104㎢（18位）

【 産 業 】 なすの栽培日本一。ビニールハウスでの栽培が
盛ん。ゆずの生産量全国1位。

【 歴 史 】 県名の由来は、川に挟まれた丘陵を「河内山」
と命名した説や、「河中山」城が「高智山」城に
改称され、「高知」城となったなど、諸説ある。

【 祭 事 】 旧暦の6月10日に室戸市で、海に祈りを捧げる
シットロト踊りが、毎年8月には、高知市でよさ
こい祭りが行われる。

【おまけ】 江戸時代、課税を免除（御免）されたことで名
付けられた後免町、土佐くろしお鉄道の駅の表
記は「御免（ごめん）駅」。次の駅は後免町駅で、
愛称は「ありがとう駅」。

補足

　四国の南部に位置する。平地部分が少なく、面積の

約9割は山地。水質日本一の仁淀川と、物部川に挟まれたところに、高知平野が広がっている。温暖で園芸農業や林業が盛ん。なすやしょうが、みょうがなどの生産量は日本一。室戸岬から足摺岬までは長い海岸線が延び、春から夏にかけて黒潮にのってくるカツオの一本釣りが有名。南西部を流れる四万十川は、本流にダムのない「日本最後の清流」で、四国でいちばんの長さ。水質が良く、あゆや天然うなぎ、てながえびなどの漁も行われている。県民食は酒盗、がねみそ、たわらむすびなど。桂浜などでは、ホエールウォッチング、奈半利町ではサンゴウォッチングが可能。森林面積の割合84％で全国1位。沖合いを流れる暖流の黒潮（日本海流）の影響で、一年を通じ温暖な気候。降雨量も日本一で、鹿児島県に次いで台風の上陸が多いことでも知られる。

　観光面では、江戸時代末に土佐藩を脱藩し、薩長同盟成立に力を尽くした坂本龍馬の生涯をたどる坂本龍馬記念館や、龍馬の銅像のある桂浜を訪れる人が後を絶たない。「異骨相」という表現で高知の県民性を語ることが多い。強引で頑固で一途であることを表している。

持つとしたら、こう。

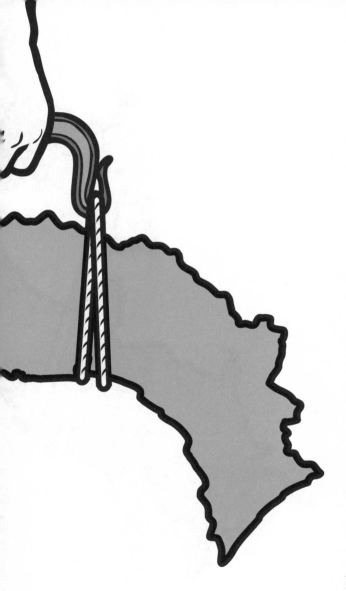

または、こう。

高知県

鳥取県

もしくは、これをつけて……

こう。

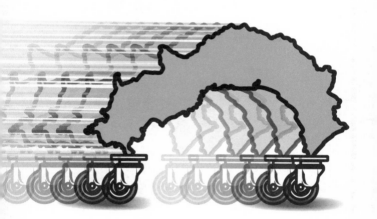

ワンルームだった場合、
住みにくい形の都道府県

1位…長崎県

トイレ

洗濯機置き場

キッチン

玄関

お風呂

07

九州・沖縄地方

きゅうしゅう・おきなわちほう

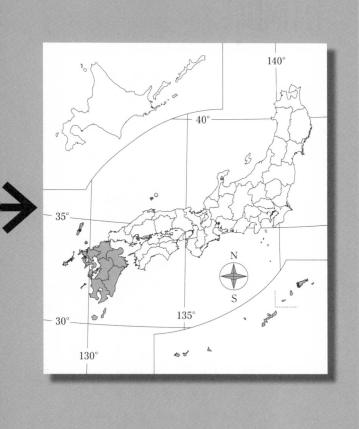

福岡県

基本データ

【総人口】 510万人（9位）

【総面積】 4987km²（29位）

【産業】 博多ラーメン、辛子めんたいこ、福岡市産の土
人形、博多人形が有名。たけのこの生産量日
本一。いちごの栽培が盛ん。品種は「あまおう」
「とよのか」。ブームを起こしたもつ鍋は、福岡
の郷土料理。カナギ飯、博多うどん、若鶏の
水炊き、がめ煮なども県民食。

【歴史】 県名の由来は、黒田長政が築城の際、黒田家
ゆかりの備前国邑久郡福岡にちなんで。築城
された場所が「福崎の丘」の上だった説も。

【祭事】 5月には、博多どんたく港まつりが、1月には、
久留米市の大善寺玉垂宮にて鬼夜が、筑後市
の熊野神社にて鬼の修正会が開かれる。

【おまけ】 2017年には「『神宿る島』宗像・沖ノ島と関連
遺産群」が世界文化遺産に登録された。

　九州の北部に位置し、中央部よりやや南を、低くてなだらかな筑紫山地が走っている。北西部には福岡平野が、北東部の遠賀川の流域には直方平野が広がっている。南部には長さ143kmの筑後川が流れており、有明海にそそぐ。東北に位置する平尾台は、九州最大のカルスト台地で、地下には千仏鍾乳洞などがある。玄界灘には、1900年以上も昔に、古代中国の漢の皇帝から贈られた金印が発見された、志賀島がある。志賀島の南に位置する能古島は、周囲約12kmの島で、潮干狩りや海水浴客で賑わう。

　福岡市と北九州市の2つの政令指定都市を抱え、いわゆる三大都市圏以外では唯一人口密度が1000人／km²を超えている。福岡市は人口153万人を超え、九州の経済・文化の中心地になっている。貿易港として九州の発展を支えた港町である博多は市ではないのだが、明治22年に市制を導入する際に大いに揉め、福岡と博多、どちらが市名にふさわしいかを議会の投票により決めることに。その結果、1票差で福岡が勝利し、「博多市」にはならなかった。

持つとしたら、こう。

そして、こう。

〚 POINT 〛
まだ首がすわっていないので、
優しく持ち上げましょう。

佐賀県

基本データ

【総人口】82万人(41位)

【総面積】2441km²(42位)

【産業】有明海では、海苔が養殖されている。佐賀県の海苔の収穫量と消費量は日本で1位。ハウスみかんの栽培が盛ん。収穫量は全国1位。陶磁器製の置物の生産量全国1位。有田焼、伊万里焼が有名。有明海沿岸では、れんこんが栽培されている。羊羹消費量、全国1位。

【歴史】県名の由来は、水辺の砂州「すか」がなまった説、日本武尊(やまとたけるのみこと)が、国の中心にクスノキの大木が生い茂る様子を見て「栄(さか)の国」と呼ぶがよいと言い、その後、「栄郡(さかのこおり)」から「佐嘉郡」と変化し、「嘉」が「賀」に改められた説など、諸説ある。

【祭事】伊万里市の伊萬里神社では、10月に「伊萬里神社御神幸祭トンテントン」が、唐津市の唐津神社では11月に唐津くんちが行われる。

　北は玄界灘。南は有明海に面している。対馬海流の影響で、温暖な気候。年間の平均気温は17度を上回る。有明海は、干潮と満潮の水位の差が激しく、最大約6mにもなる。かに、あさりなどが獲れる他、ハゼ科のムツゴロウなども生息しており、珍しい生き物の宝庫。海苔の生産も盛んで、「佐賀海苔」として出荷され、全国シェアは4割を占めている。筑後川や六角川の流域には、稲作の盛んな佐賀平野が広がる。佐賀県（肥前国）と福岡県（筑後国）の県境は筑後川を何度も横切っているが、その県境がそのまま筑後川の旧流路で、それほど筑後川の蛇行は激しかった。江戸時代には、川の流れのどの位置が肥前と筑後の国境になっていたか正確には定まっていなかったので、領土をめぐる紛争が発生した。神意で国境を決めようとなったほど。また、北部に位置する唐津湾には日本三大松原の一つ、虹ノ松原があり、初代唐津藩主寺沢広高が暴風、防潮のために植林した、およそ100万本のクロマツが、約5kmの長さに渡って群生している。人工林は73828haで、人工林率は全国1位。

佐賀県は、こう。

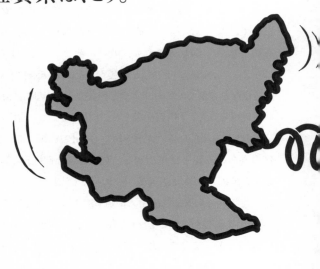

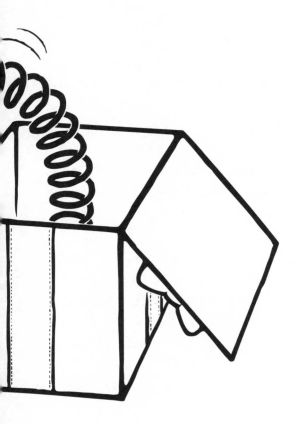

235

長崎県

基本データ

【総人口】 133万人(30位)

【総面積】 4131㎢ (37位)

【 産業 】 長崎市ではびわの栽培が盛んで、生産量は1
位。大村湾では、真珠が養殖されている。戦
後には、スパゲティ、ピラフ、トンカツを一つ
の皿に盛り付けるトルコライスが誕生している。

【 歴史 】 県名の由来は、長く突き出た岬をさす、海岸線
が長い、長崎氏という地方武士の支配地が由
来という説などがある。

【 祭事 】 1月には、五島市にてヘトマトが、8月には、念
仏踊りチャンココが開催され、同市三井楽町
嵯峨島にてオーモンデーが行われる。

【おまけ】 島の数が多く、日本の島の14.2%を占める。カ
ステラは、ポルトガル人によって平戸市に伝えら
れた。都道府県民1人あたりのカステラの消費
量が年5本で、全国1位。

　平戸島や五島列島など971の島と、4195kmに及ぶ長く複雑なリアス式海岸のある県。海岸線の長さは北海道に次いで2位。とりわけ、対馬市の浅茅湾の海岸線の美しさは有名で、ダイナミックな眺望が楽しめる。島原半島の中央部には、活火山の雲仙・普賢岳があり、1990年には約200年ぶりに火山活動を始めた。雲仙市の小浜町には日本一長い足湯がある。県民食は大村ずし、島原そうめん、五島うどん、ヒカド、からすみなど。平地が狭いことで、棚田や段々畑が発達し、稲作より畑作が主である。五島列島の椿油は食用や美容に利用される。

　鎖国時代に長崎県だけが貿易を許されていたこともあり、長崎市には当時のオランダやイギリス、中国などの影響を受けた建築物などの史跡が数多く残っている。グ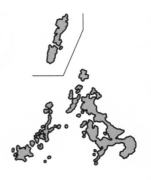ラバー邸は、イギリス商人が建てたもの。現存する日本最古の木造洋館で国の重要文化財。出島は、中国人やオランダ人との商いの場所だったが、もとはポルトガル人を管理するために作られた人工島。一般人の出入りは禁止だった。

持つとしたら、こう。

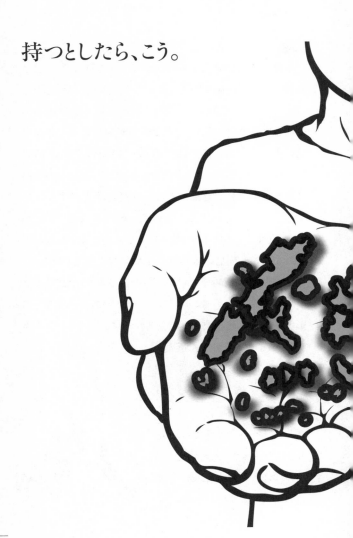

【 POINT 】
なくさないように
注意しましょう。

熊本県

基本データ

【総人口】 175万人（23位）

【総面積】 7409k㎡（15位）

【 産業 】 いぐさは、全国の約9割を八代平野で生産。畳
表に加工される。すいか、トマトの生産高が日
本一。辛子蓮根が有名。カスミソウの出荷量、
日本一。

【 歴史 】 県名の由来は、山麓の道筋の曲っている所を
意味する「隈本」を、加藤清正が築城を機に「熊
本」に変え、「熊本」と改めた。

【 祭事 】 9月に熊本市の藤崎八旛宮で藤崎宮例大祭を
開催。

【 おまけ 】 日常で使われる「あとぜき」は、戸の開け閉め
についての言葉。「開けたら閉める」という意味。

補足

　北東部には、世界最大級のカルデラをもつ阿蘇山があ
る。周囲128kmの巨大なカルデラの中央火口丘群には、

中岳、高岳、根子岳、杵島岳、烏帽子岳の阿蘇五岳が
そびえる。カルデラ内には南阿蘇鉄道や、やまなみハイ
ウェイなどが走っていて、観光客が多く訪れる。烏帽子
岳の北麓に広がる「草千里」は、直径約1kmの円形の草
原で、牛や馬の放牧が盛ん。日本三大急流の一つであ
る球磨川の流域には、熊本平野や八代平野が広がって
おり、古くから肥後米を栽培。稲の収穫後には畳の材
料となる、いぐさの栽培をしている。熊本県は「火の国」
で知られる一方、「水の都」ともいわれている。1000か所
以上の湧き水に恵まれた水資源の宝庫。水源は南阿蘇
村の白川水源、宇土市の轟水源、産山村の池山水源、
菊池渓谷の菊池水源など、名水百選に全国で最も多い8
か所が選ばれている。美里町には日本一の石段、釈迦
院御坂遊歩道がある。

　熊本市内にある熊本城は、姫路城、名古屋城と共に
日本三大名城に数えられている。加藤清正によって完成
されたもので、敵の侵入を防ぐため
の「武者返し」と呼ばれる石垣の作
り方など、数々の工夫が見られる。
2016年の熊本地震で被災した。県
民食は、高菜飯、だご汁、すぼ豆腐、
南関あげ、馬肉料理など。

持つとしたら、まず、こう。

そして、こう。

《 POINT 》
こうすることで、
折り目はつきません。

大分県

基本データ

【総人口】114万人(34位)

【総面積】6341㎢(22位)

【産業】乾しいたけの生産が盛んで、生産高全国1位。
日出城崖下の別府湾で獲れる「城下カレイ」は
有名。名産品は、かぼす、関あじ、関さば、
ハモ、だんご汁など。佐賀関港で水揚げされ
る関さば、関あじは高級ブランドとして有名。
ひらめの養殖収穫量が日本一。マダケ竹材生
産量、日本一。

【歴史】県名の由来は、広大な水田を「多き田」と呼び、
転じて「おおいた」になったなど、諸説ある。

【祭事】1月には豊後高田市の桂川一帯でホーランエン
ヤが行われる。同名の祭事は、島根県松江市、
江津市および広島県尾道市でも行われる。

【おまけ】九重町山中の九重"夢"大吊橋は、日本一高い
位置にある歩道専用の吊り橋で天空の散歩道。

　北西部には筑紫山地が、南部には九州山地が走っている。山地面積が7割以上で、鶴見岳、由布岳など、たくさんの火山があり、湯布院や別府などの温泉が多くある。温泉源泉総数は日本一。とりわけ別府は温泉の湧出量は日本一といわれていて、温泉旅館や近代的なホテルが並ぶ。国東半島や津久見市ではみかんの栽培が盛んで、杵築市にはみかんの選果場や加工工場がある。養殖クルマエビや肉牛なども特産だが、商工業も発展しており、大分市を中心に精密機械や石油化学などの工業も発達。なかでもIC（集積回路）などを生産する電子工業は、大分空港の周辺で盛ん。

　北西部に位置する「青の洞門」は、菊池寛の小説「恩讐の彼方に」のモデルにもなっていて、禅海和尚がノミと鎚で30年の年月をかけて手掘りで貫通させた隧道。青の洞門の近くに位置する耶馬渓は、新緑と紅葉の景色が綺麗で、景勝地として知られている。北海道の大沼、静岡の三保の松原と共に、新日本三景の一つに選ばれている。県民食は黄飯、やせうま、アユのうるか、ごまだしなど。

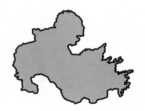

持つとしたら、こう。

そして、こう。

【 POINT 】
みんなで
盛大に祝いましょう。

宮崎県

基本データ

【総人口】107万人(36位)

【総面積】7735㎢(14位)

【産業】チキン南蛮・冷汁は、宮崎の郷土料理として有名。ほかに県民食は、唐人干し、みそだごなど。宮崎県は、日向夏、きんかん、きゅうり、秋冬だいこん、らっきょうの収穫量が全国1位。ブロイラーの出荷量は日本一。日向市の特産品は、天然のハマグリを使った白い高級碁石。

【歴史】県名の由来は、「宮前」の意味で、神武天皇の宮所があったという説、江田神社の「宮前」が変化したという説など、諸説ある。

【祭事】1月には、門川町の中山神社にて裸まいり「中山さん」が、11〜2月には、神話を題材とした、高千穂の夜神楽が行われる。

【おまけ】西都市には、日本最大の古墳群「西都原古墳群」がある。

　黒潮の影響を受け、全般的に温暖な気候。年間平均気温は17度前後。日照時間、降水量共に全国上位。年間降水量と快晴日数は全国一。とりわけ宮崎平野は冬でも暖かいため、ビニールハウスを使ったきゅうり、トマトなどの野菜の栽培が盛ん。南部の日南海岸には、フェニックスやソテツ、ハマユウなどの亜熱帯植物が見られる。県木もフェニックスで、県花はハマユウである。

　北部に位置する高千穂峡は、約12万年前と約9万年前の2回の阿蘇火山活動の際、噴出した溶岩流が五ヶ瀬川に沿って帯状に流れ出し、急激に冷却された侵食谷。また、南部の庄内川に位置する関之尾滝は、大滝、男滝、女滝の3つからなり、大滝は落差18m、幅40m。滝の上流には石や砂で削られた千数百の穴があり、国の天然記念物に指定されている。旧高崎町(都城市)は星空が自慢。鵜戸神宮は海幸彦・山幸彦の日本神話の舞台といわれ、洞窟内に本殿が鎮座する。宮崎県と大分県の県境付近の宇土崎(宇戸崎)、深島、斗枡崎を結ぶ海域は好漁場で、江戸時代からの藩の財源だったため、日向と豊後の漁民の争いは日常茶飯事だった。

宮崎県は、こう。

鹿児島県

基本データ

【総人口】160万人(24位)

【総面積】9187k㎡(10位)

【産業】かつお節は生産量2万tを超え、全国シェア75%で1位。伝統工芸品の大島紬が有名。特産品は、さつまあげ、桜島大根、かるかんなどが有名。県民食は、あくまき、鶏飯、さつま汁、壺漬けなどがある。

【歴史】県名の由来は、野生の「鹿の子」が多くいたから、「かご」が崖の意味で、桜島の姿から命名された、「神籠もる島」、険しい島(コゴシマ)、火島(カグシマ)から、など諸説ある。

【祭事】旧暦2月2日に近い日曜日には、いちき串木野市の深田神社にてガウンガウン祭りが、12月31日には川内市下甑町にてトシドンが行われる。

【おまけ】鹿児島県南さつま市の南西にある、鷹島と津倉瀬は住所未定の島。

　桜島は、今も活動を続ける活火山で、煙を噴き上げているが、大正時代の噴火で大隅半島と陸続きとなった。鹿児島市内の「銭湯」のほとんどが天然温泉。温泉源泉数、温泉利用の公衆浴場数が共に全国2位。指宿市には、海岸の砂浜に埋まる、天然の砂むし温泉があって人気を集めている。薩摩半島と大隅半島には、シラスと呼ばれる火山灰が積もった台地が広がり、水もちの悪い台地はサツマイモの畑作に利用。サツマイモの生産量は全国の生産量35％で日本一。ほかに、たんかん、さやえんどう、そらまめの生産日本一。鹿児島県は、台風の通り道にあたるため「台風銀座」と呼ばれるほど。

　県の最南端に浮かぶ与論島は、海岸の大部分がサンゴに覆われ美しい。屋久島には樹齢7200年といわれる縄文杉をはじめとする屋久杉の原生林が広がり、日本で初めて世界遺産に登録された。屋久島の杉は樹齢1000年以下のものは小杉、1000年を越えてようやく屋久杉と呼ばれるほど、樹の寿命が長い。その秘密は気候と地質にあるといわれる。鹿児島県には約600の島があり、そのうちの26島で人が暮らしている。

鹿児島県は、こう。

沖縄県

基本データ

〖総人口〗 145万人(25位)

〖総面積〗 2283km²(44位)

〖産業〗 パイナップルの全国シェア100%。オオベニミカン、アセロラ、スターフルーツ、グアバもシェア100%。養殖もずくの全国シェア99%。さとうきびの生産量日本一。特産の黒砂糖の原料にもなっている。石垣島川平湾では、黒蝶真珠を養殖している。県民食は、沖縄そば、ゴーヤチャンプルー、ラフテー、海ぶどう、アーサ汁など。

〖歴史〗 県名の由来は、安里川の河口にあった「浮縄の嶽」に由来する説、沖合=おき、魚=な、場=わを合わせて「沖合の漁場」からという説など、諸説ある。

〖祭事〗 旧暦5月4日には、糸満市ほか各地の漁港にてハーレーが、8〜9月の旧盆明けには沖縄全島エイサーまつりが行われる。

　南北約400km、東西約1000kmの海域に、沖縄諸島、大東諸島、先島諸島、尖閣諸島など大小約160の島が散在している。与那国島は日本最西端、波照間島は有人島のなかで日本最南端の島。それぞれの島には、亜熱帯気候の豊かな自然や、独自の歴史や文化がある。1年を通して気温が高く、雨が多いこともあり、沖縄島や石垣島ではパイナップルとサトウキビ、ゴーヤー、マンゴーの栽培が盛んで全国1位。西表島には特別天然記念物のイリオモテヤマネコが生息。貴重な動植物が生息しているため、「東洋のガラパゴス」とも呼ばれている。伊平屋島には、天の岩戸伝説が残るクマヤ洞窟がある。渡嘉敷島は、ダイビングポイントがたくさんあるため、多くのダイバーで賑わう。宮古島は、毎年、トライアスロンの大規模な大会が開催される。沖縄島には、歴代の琉球王の居城だった首里城があり観光スポット。令和元年に火災で正殿などが全焼したが、令和8年の完成を目指し再建が進められている。歴史上5度目の焼失だった。なお、住みたい都道府県ランキングでも、沖縄県は上位の常連。那覇市は住みたい町全国4位。

　沖縄県

持つとしたら、こう。

〖 POINT 〗

親指は使いません。

〈持ちかたに関する練習問題〉

1 次のうち、顔にかぶせるのはどれ?

Ⓐ 岩手県

Ⓑ 広島県

Ⓒ 徳島県

Ⓓ 香川県

2 次のうち、つなぐのはどれ?

Ⓐ 愛知県

Ⓑ 山形県

Ⓒ 群馬県

Ⓓ 千葉県

3 次のうち、握らないのはどれ?

Ⓐ 鹿児島県

Ⓑ 静岡県

Ⓒ 富山県

Ⓓ 石川県

4 次のうち、道具を使うのはどれ?

Ⓐ 大分県

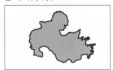

Ⓑ 岐阜県

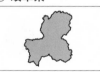

Ⓒ 島根県

Ⓓ 北海道

5 次のうち、丸めるのはどれ?

Ⓐ 青森県

Ⓑ 福島県

Ⓒ 山梨県

Ⓓ 熊本県

6 次のうち、散歩すると喜ぶ県はどれ?

Ⓐ 富山県

Ⓑ 神奈川県

Ⓒ 茨城県

Ⓓ 福井県

〈解答〉

1 Ⓑ 広島県

4 Ⓒ 島根県

2 Ⓒ 群馬県

5 Ⓓ 熊本県

3 Ⓐ 鹿児島県

6 Ⓑ 神奈川県

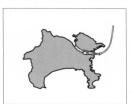

新書化にあたって

みなさんは、アメリカ合衆国の州境が描かれた地図を
ご覧になったことがあるでしょうか?

多くの州境が直線であることに気づくことと思います。た
とえば、コロラド州やワイオミング州など、州全体が完全
な四角形になっています。

なぜこのようなことがおこるのでしょうか。

アメリカは建国前には植民地だったことから、買収や割
譲によって州が構成されていきました。そのため、当時の
支配者同士が「地図上に先に線を引いて領土を分け合っ
た」ため、州境が直線になっていることが多いのです。

それに比べて、日本の都道府県境のラインのなんとユ
ニークなことでしょう。日本の都道府県は、山の尾根や川
で分けられていることが多いそうです。つまり、自然そのも

のが都道府県境を作り出しているのです。自然が作り出した偶然が、本書に収録されているさまざまな「創造性あふれるフォルム」を生み出しているのです。

　本書の親本が刊行されて10年以上。数多くのお便りが寄せられました。「本書をきっかけに苦手な地理が得意科目になりました（静岡県・女性）」「本書をきっかけに苦手な数学が得意科目になりました（大分県・男性）」「本書をきっかけに冷え性が治りました（群馬県・男性）」「本書をきっかけに恋人ができました（千葉県・女性）」「本書をきっかけに得意な地理が苦手科目になりました（三重県・男性）」など……。

　この新書が、日本の素晴らしさを再認識するきっかけになれば幸いです。

バカリズム

バカリズム

本名：升野英知　福岡県田川市出身
1995年『バカリズム』を結成。2005年12月よりピン芸人として活動。
現在、TVレギュラー番組を中心に活動するかたわら、
定期的に単独ライブを行っており、発売と同時に即完売となる人気を誇る。
他にもナレーションや役者、脚本、イラスト、書籍、
オリジナルグッズの製作など多方面で活動中。

◆ 参考文献

都道府県別データブック (PHP研究所)

日本人が知らない県民地図 (青春出版社)

47都道府県うんちく事典 (PHP文庫)

47都道府県の歴史と地理がわかる事典 (幻冬舎新書)

知らなかった！「県境」「境界線」92の不思議 (実業之日本社)

知らなかった！驚いた！日本全国「県境」の謎 (実業之日本社)

知れば知るほど面白い！日本地図150の秘密 (彩図社)

病気にならない県民食のすすめ (中経出版)

出典　総務省統計局刊行　「統計でみる都道府県のすがた 2021」

◆ スタッフ

都道府県データ　オフィスカンノン

イラスト　　　　升野英知
　　　　　　　　ニイルセン

デザイン　　　　山下可絵

編集　　　　　　山田洋子 (オフィスカンノン)

制作協力　　　　小林伸也 (マセキ芸能社)
　　　　　　　　全国都道府県庁のみなさま

本書は、文庫「都道府県の持ちかた」(2012年6月刊) を新書化したものです。
また、新書化に際して、都道府県のデータを全面的に増補改訂いたしました。
各都道府県の総人口及び総面積、ランキングは、総務省統計局による「統計で
みる都道府県のすがた2021」Ⅰ 社会生活統計指標 Ａ表.人口・世帯より総人口
(2019年度)、Ｂ表.自然環境より総面積 (2019年度) を掲載しています。

ポプラ新書
214

都道府県の持ちかた【増補版】

2021年10月4日　第1刷発行

著者
バカリズム

発行者
千葉 均

編集
碇 耕一

発行所
株式会社 ポプラ社
〒102-8519 東京都千代田区麹町 4-2-6
一般書ホームページ www.webasta.jp

ブックデザイン
鈴木成一デザイン室

印刷・製本
図書印刷株式会社

©Bakarhythm 2021　Printed in Japan
N.D.C.049/270P/18cm ISBN978-4-591-17143-1

P8201214

生きるとは 共に未来を語ること 共に希望を語ること

昭和二十二年、ポプラ社は、戦後の荒廃した東京の焼け跡を目のあたりにし、次の世代の日本を創るべき子どもたちが、ポプラ（白楊）の樹のように、まっすぐにすくすくと成長することを願って、児童図書専門出版社として創業いたしました。

創業以来、すでに六十六年の歳月が経ち、何人たりとも予測できない不透明な世界が出現してしまいました。

この未曾有の混迷と閉塞感におおいつくされた日本の現状を鑑みるにつけ、私どもは出版人としていかなる国家像、いかなる日本人像、そしてグローバル化しボーダレス化した世界的状況の裡で、いかなる人類像を創造しなければならないかという、大命題に応えるべく、強靭な志をもち、共に未来を語り共に希望を語りあえる状況を創ることこそ、私どもに課せられた最大の使命だと考えます。

ポプラ社は創業の原点にもどり、人々がすこやかにすくすくと、生きる喜びを感じられる世界を実現させることに希いと祈りをこめて、ここにポプラ新書を創刊するものです。

未来への挑戦！

平成二十五年　九月吉日　　株式会社ポプラ社